「一歩＝0・1秒」にこだわれば
「俊足」「強肩」は獲得できる！

[illegible]新的
・パフォーマンス

高島誠

日本文芸社

C O N T E N T S

革新的 守備・走塁パフォーマンス

「一歩＝０・１秒」にこだわれば
「俊足」「強肩」は獲得できる！

6 はじめに 「俊足」「強肩」は獲得することができる

13 PART1 守備

14 柔軟性チェック

22 機能低下チェック

24 パフォーマンスライン ～自分が使いやすい足を知ろう～

28 パフォーマンスライン（足）チェックの仕方①

30 パフォーマンスライン（足）チェックの仕方②

32 野手も〝球速１４０km／hライン〟を目指そう

33 前足トップとは？

34 基本の構え・守備

36 スプリットステップ

38 守備範囲の違い ～シングルキャッチと両手キャッチ～

40 シングルキャッチの守備範囲イメージ

41 両手キャッチの守備範囲イメージ

42 スタート足・守備

46 ハンドリングドリル① １人

49 ハンドリングドリル② ペア

52 ハンドリングドリル③　ペア・スタンディング
56 グローブはどう選ぶ？
66 グローブのはめ方
70 グローブの使い方
72 グローブを動かせる範囲を考える
76 〝打球は変化する〟ことを理解しよう
78 外野手用グローブの扱い方
80 フレーミングとは何か？
84 正しい構え方【キャッチャー】
86 手首が立つ、寝る
87 キャッチャーミットの動かし方
88 フレーミングドリル
90 ブロッキングドリル
92 スライディングキャッチ
94 片膝をついた構えからの二塁送球

95 **PART 2 走塁**

96 構え→スタート
100 走塁時のスタート足

102 帰塁
104 足のアーチエクササイズ
110 シューズの選び方
116 ランニングドリル
118 ホッピングドリル
120 ハイハードルドリル
122 ジグザグ走
124 T字走
126 マーカー走
128 チューブトレーニング
136 シザース
138 コーンタッチドリル
140 コアベロシティーベルトダッシュ
142 10mダッシュ
143 塁間ダッシュ
144 5m×5m×10m走
146 サークル走
148 スライディング

149 PART 3 トレーニング

150 メディシンボールスロー（左右）
152 メディシンボールスロー（ゴロ捕球①）
154 メディシンボールスロー（ゴロ捕球②）
156 メディシンボールスロー（キャッチャースロートレーニング）
158 メディシンボールスロー（キャッチャースロートレーニング／バリエーション）
160 スローイングドリル プライオボールスロー（キャッチャー）
162 スローイングドリル プライオボールスロー（コアベロシティーベルト）
164 プルダウン
166 ラテラルジャンプ
168 ボックスジャンプ
176 Ｊｂａｎｄｓエクササイズ
180 レールで重心位置を確認する
182 レールスクワット
184 レールバランス→ゴロ捕球
186 レールオーバーヘッドスクワット
187 モンスターウォーク

188 おわりに 〝個〟のレベルアップが〝チーム力〟につながる

はじめに

「俊足」「強肩」は獲得することができる

野球は〝一瞬〟のうちに勝負が決まる競技です。特にわかりやすいのが投手対打者で、例えば140㎞/hのボールが投じられてからキャッチャーミットに入るまでは0・44秒。この間に打者は、打つか、打たないかの判断を下し、打つにはボールにバットを当てて弾き返さなければならないのです。

野球で「タイム（時間）」の重要性を物語るシーンとして、プロ野球の試合中、監督やコーチがストップウォッチで何やら計測している姿を見たことがある人も多いと思います。投手がクイックで投げる際の時間や、牽制スピード、走者が一塁を駆け抜けるまでのタイム、守備で二盗を試みられた際に投手が投げてから一塁走者にタッチするまでどれくらいの時間がかかったかなどを測っています。それらのプレーがどれくらいの速さで行われているかがわかれば、作戦を仕掛けたときの成否が見えてくるからです。

「革新的」シリーズの4作目となる本書は、「守備・走塁」に特化しています。ピッチングやバッティングに比べて、守備や走塁には地味なイメージがあるかもしれません。中学や高校の強豪チームでは守備や走塁を大切にしているところも多いですが、それは「ミスなくプレーする」「相手のスキを突く」といった〝細部〟を突き詰めようという姿勢だと思います。言い換えれば、「状況判断」をしっかり行おうということになるでしょうか。

もちろん、状況判断は大事です。無死一、二塁で弱いセカンドゴロが飛んできた場合、どこに投げるべきか。無死二塁で強いゴロがセカンドに飛んだ場合、セカンド走者はサードに進むべきか。状況判断を適切に行うことが、望ましい結果につながっていきます。

同時に、状況判断の前にもっと大事なことがあります。守備であれば肩の強さを身につけ、走塁では速く走れるようになることです。

「俊足」や「強肩」は天性の才能だと考えられがちで、後天的に磨こうとして取り組んでいるチームは決して多くありません。でも、それは誤解です。間違いなく言えるのは、「俊足や強肩は獲得できる」ということです。そのために大切になるのが、「０・１秒」へのこだわりです。

例えば、守備でよく言われるのが「両手で捕りなさい」ということです。両手で捕るためにはゴロの正面に入り、グローブの近くに右手を添えておく必要があります（右投げの選手の場合）。確かに正確なプレーをできるかもしれませんが、片手で捕る場合と比べて守備範囲はどうなるでしょうか。シングルキャッチや逆シングルも使いこなしたほうが、打球に追いつける範囲は広くなります（38ページ参照）。

捕球のバリエーションをうまく使いこないしているのが、埼玉西武ライオンズの源田壮亮選手です。「日本で最もうまいショート」と定評があるように、三遊間のゴロを正面ではなくあえて逆シングルで捕り、素早い送球につなげるプレーをよく見ます。逆シングルで捕ればそのまま送球体勢に入れるため、キャッチングからスローイングまでスムーズに動けるからです。日本のプロ野球では三遊間深くのゴロでも正面に回り込んで捕球しようとするショートが少なくないなか、源田選手はさまざまな捕球方法を使いこなして「名手」と言われています。

野球でショートは「花形」とされるポジションです。これまで何人かの日本人遊撃手がメジャーリーグに挑戦してきましたが、残念ながら高い壁に跳ね返されてきました。その要因として指摘されたのが、「肩の強さではアメリカ人や中南米の選手に勝てない」ということです。

ところが、韓国人のキム・ハソン選手が２０２２年、サンディエゴ・パドレスでショートの定位置をつかみました。もともと肩の強さを備えていた一方、アメリカに行ってからハンドリングやステップを見直したそうです。そうしてメジャーでもトップレベルの守備力を誇る内野手と評価されるまでになりました。

韓国人の内野手が活躍できるなら、日本人も同様にプレーできると私は考えています。なぜなら肩の強さや守備範囲の広さは、後天的に伸ばしていくことができるからです。

そのために取り組んでほしいのが、ウエイトトレーニングで筋量を増やし、瞬発系のトレーニングを行って筋出力を上げることです。私がトレーニングを担当する広島県の武田高校ではこうした観点を持って継続的に取り組み、選手たちは総じて伸びています。なかでも昨年育成ドラフト4位でソフトバンクに入団した内野海斗投手は、プルダウン（助走をつけて全力で投げること）の球速が入学時に１４２㎞／ｈだったのが、３年時には１６６㎞／ｈまでアップしました。こうした成長をしたからこそプロの目に留まったわけです。

内野手で肩が強ければ、ゴロをポロッと前に落としても一塁に送球してアウトにすることができます。逆に肩が弱いと、一塁で打者走者をアウトにするためには前めに守備位置をとらざるを得ない。それでは強い打球が来た際、対応できずに内野の間を抜かれてヒットにされてしまいます。肩の強さは守備位置にも関わってくるので、内野手としてアウトの数を増やしていくためにも極めて重要です。特に併殺プレーを完成させるには、肩の強さは不可欠です。

守備でよく指摘されるのが、「一歩目」の重要性です。確かに大事なことで、一歩目を速くすることで追いつける打球もあるでしょう。肩が弱い選手の場合、ポロッと前に落とすと一塁に送球してもアウトにできないので、なおのこと「一歩目」が大切になります。

では、「一歩目」を速くする練習をしているでしょうか。多くのチームの場合、ランニング系では中距離を走るメニューが多く組まれています。なかには「この1周を何秒以内で走らないと、やり直し」と言われ、結果的に「最後の一歩」をいかに速く出せるかという目的になっているケースも珍しくありません。

でも、大事なのは「最初の一歩」です。それにはトレーニングで瞬発力を高めて「一歩目」

を速くすることに加え、得意な足をうまく使うこともポイントです（24ページ参照）。それが「０・１秒」の短縮につながり、守備では追いつけるかどうか、走塁ではセーフかアウトかという〝きわどいプレー〟を成功させることに関わってくるのです。

足の速さをアップさせる上で意識してほしいのが、野球という競技の特性です。陸上のように、野球では50ｍを直線で走ることはありません。大事なのは10ｍや、塁間（27・４３１ｍ）をいかに速く走れるかです。そうした点に特化したトレーニングが必要なので、本書では意識すべき点やドリルを紹介しています。

元シアトル・マリナーズのイチロー選手や福岡ソフトバンクホークスの柳田悠岐選手のように、スピードや肩の強さを備えた選手はすごく魅力的で、チームでも重宝されます。そうした「足の速さ」や「肩の強さ」は先天的な能力だと考えられがちですが、誰でも伸ばすことは可能です。足の速さや肩の強さをアップさせていくことでギリギリのプレーを成功させられ、「球際に強い」「勝負強い」と言われる選手になることができるのです。

ある意味ではピッチングやバッティング以上に、守備・走塁は「努力が報われやすい」分野だと思います。「０・１秒」の短縮は、誰にでもできるからです。だからこそ細かい点まで突き詰め、大きな差を生み出せる選手になっていきましょう。

表1 プレー時間の差による走者の移動距離

秒	移動距離（m）						秒	移動距離（m）					
	10m=1.5秒で走る走者	10m=1.6秒で走る走者	10m=1.7秒で走る走者	10m=1.8秒で走る走者	10m=1.9秒で走る走者	10m=2.0秒で走る走者		10m=1.5秒で走る走者	10m=1.6秒で走る走者	10m=1.7秒で走る走者	10m=1.8秒で走る走者	10m=1.9秒で走る走者	10m=2.0秒で走る走者
0.1	0.667	0.625	0.588	0.556	0.526	0.5	1.1	7.333	6.875	6.471	6.111	5.789	5.5
0.2	1.333	1.25	1.176	1.111	1.053	1	1.2	8	7.5	7.059	6.667	6.316	6
0.3	2	1.875	1.765	1.667	1.579	1.5	1.3	8.667	8.125	7.647	7.222	6.842	6.5
0.4	2.667	2.5	2.353	2.222	2.105	2	1.4	9.333	8.75	8.235	7.778	7.368	7
0.5	3.333	3.125	2.941	2.778	2.632	2.5	1.5	10	9.375	8.824	8.333	7.895	7.5
0.6	4	3.75	3.529	3.333	3.158	3	1.6	10.667	10	9.412	8.889	8.421	8
0.7	4.667	4.375	4.118	3.889	3.684	3.5	1.7	11.333	10.625	10	9.444	8.947	8.5
0.8	5.333	5	4.706	4.444	4.211	4	1.8	12	11.25	10.588	10	9.474	9
0.9	6	5.625	5.294	5	4.737	4.5	1.9	12.667	11.875	11.176	10.556	10	9.5
1.0	6.667	6.25	5.882	5.556	5.263	5	2.0	13.333	12.5	11.765	11.111	10.526	10

表1は0.1〜2.0秒の間に、走者がどれだけ移動できるかを10mのタイム別に表したものです。たとえば10mを1.5秒で走る走者が10mに到達したとき、10mを2.0秒かかる走者はまだ7.5m地点にいることになります。走者であれば0.1秒タイムを縮めるだけで、それまでギリギリでアウトになっていた打球がセーフになる可能性が高まることがわかるはずです。逆に内野手であれば打球が飛んできてからのスタート→捕球→スローイングのタイムを0.1秒縮めるだけで、走者をアウトにできる確率がぐんと上がります。
※ランナーの加速、減速は考慮していない参考数値

表2 球速によるプレー時間の差

球速		塁間送球（秒）	対角線送球（秒）	外野送球（秒）
km/h	m/秒	27.43m	38.79m	60m
165	45.8	0.6	0.85	1.31
160	44.4	0.62	0.87	1.35
155	43.1	0.64	0.9	1.39
150	41.7	0.66	0.93	1.44
145	40.3	0.68	0.96	1.49
140	38.9	0.71	1	1.54
135	37.5	0.73	1.03	1.6
130	36.1	0.76	1.07	1.66
125	34.7	0.79	1.12	1.73
120	33.3	0.82	1.16	1.8
115	31.9	0.86	1.22	1.88
110	30.6	0.9	1.27	1.96
105	29.2	0.94	1.33	2.05
100	27.8	0.99	1.4	2.16
95	26.4	1.04	1.47	2.27
90	25	1.1	1.55	2.4

野手にとっても球速は重要な要素です。表にあるように球速が10km/h上がるだけでも送球に費やすタイムが大幅に短縮されます。たとえば球速120km/hの野手は塁間送球に0.82秒かかりますが、130km/hであれば0.76秒。わずか0.06秒の差と思うかもしれませんが、これがギリギリのプレーの際に大きく影響するのです
※初速〜終速差を考慮していない参考数値

図1 野手に必要な移動距離のイメージ

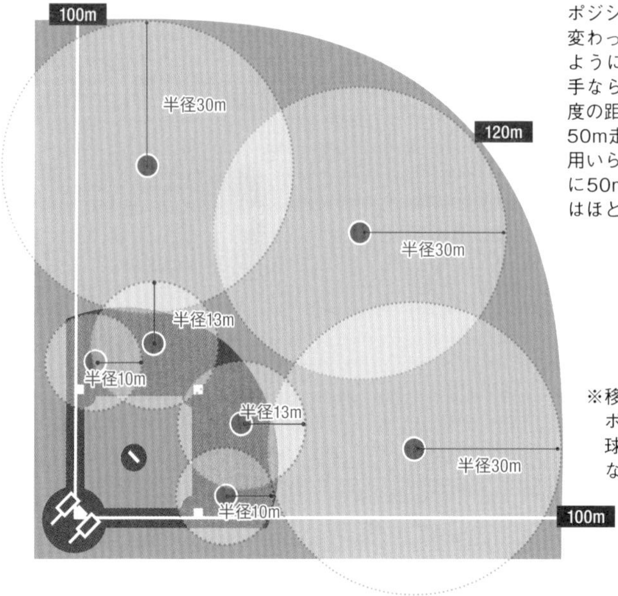

ポジションによって必要な移動距離は変わってきますが、図を見てもわかるように野球において必要なのは内野手なら10〜15m、外野手なら30m程度の距離をいかに速く移動できるか。50m走のタイムがスピードの指標に用いられることがありますが、試合中に50mの直線をダッシュするケースはほとんどありません

※移動距離はあくまでもイメージ。ポジショニングや試合状況、打球方向、打球速度によって必要な移動距離は変化します

図2 野手に必要な送球距離のイメージ

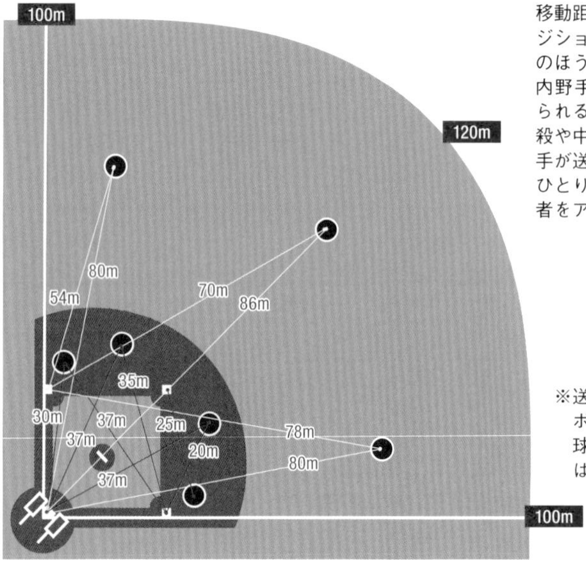

移動距離と同様、必要な送球距離もポジションによって異なります。外野手のほうが必要な送球距離は伸びますが、内野手も30m以上の送球を強く投げられることが求められます。また、併殺や中継プレーの際には二人以上の野手が送球を行うことになるため、誰かひとりでも肩の弱い選手がいると、走者をアウトにできる確率は下がります

※送球距離はあくまでもイメージ。ポジショニングや試合状況、捕球位置によって必要な送球距離は変化します

PART 1

守備

より理解度を高めたいなら
コチラの動画もチェック！

柔軟性チェック

守備はもちろん、野球のすべての動きに重要な柔軟性をチェックする。ここで紹介する4つのチェックすべてで、「○」以上を目指してみよう。

CHECK 1

股割り（股関節の柔軟性）

床に座って両足を開き、つま先を上に向けて前屈する。床に胸が着けば「◎」、頭が着けば「○」、肘が着けば「△」

股割り→ココにつながる！

構え

股関節が硬いといわゆる「腰高」の構えになってしまう。無理に腰を落とそうとすると重心がつま先やかかとにかかってしまい安定しない

股関節に柔軟性があると、足を開いてしっかりと腰を下ろして構えることができる。重心も安定する

スローイング

特に横の打球に対してスムーズに足を運ぶことができる。また、捕球時にしっかりと腰を落とすこともできるため捕球ミスも少なくなる

CHECK 2

スクワット（足首の柔軟性）

バーを持った手を前に出し、つま先のラインより頭と膝が前に出ず、股関節が膝より下の位置になるまでしゃがむことができれば「△」。これができなければ「×」

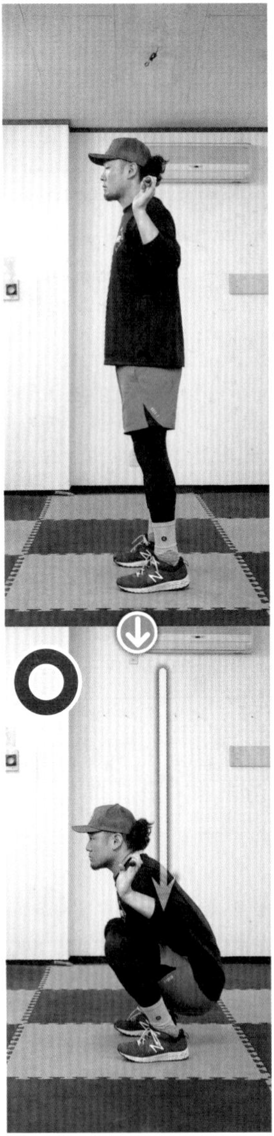

バーをかつぐように首の後ろで持ち、つま先のラインより頭と膝が前に出ず、股関節が膝より下の位置になるまでしゃがむことができれば「○」

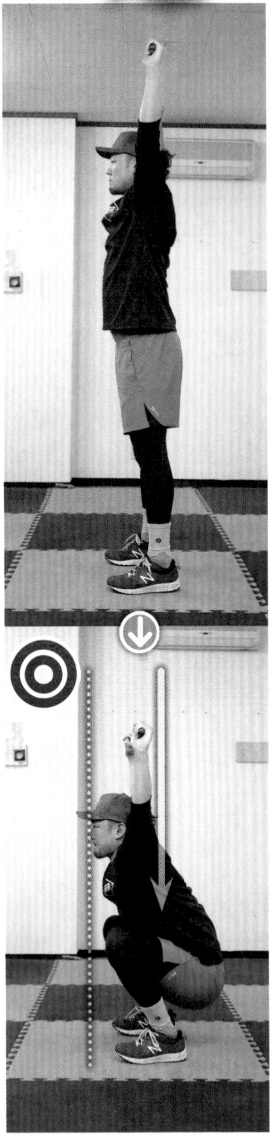

肩幅より少し広めに手を広げ、バーを上に持つ。つま先のラインより頭と膝が前に出ず、股関節が膝より下の位置になるまでしゃがむことができれば「◎」

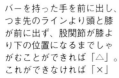

スクワット→ココにつながる！

構え

足首が硬いといわゆる「ベタ足」になって重心がかかとにかかりやすい。腰も落ちなくなる

足首の柔軟性が高ければ腰を落としても重心をしっかりと母趾球、小趾球に置くことができる

キャッチャーの構え

守備時の構えと同様に、腰を落としても重心をしっかり母趾球、小趾球に置ける

かかとに重心がかかってしまう。これではスローイングなど捕球後の動きにスムーズに移行できない

捕球範囲

ギリギリの打球でもしっかりと足を出し、グローブを下げられるので捕球範囲も広くなる

足を出しても足首に柔軟性がなければグローブを下げることできず、きわどい打球を捕球することができない

CHECK 3

外旋チェック&トップ(※)→フォロースルー（胸郭の柔軟性&股関節の外旋）

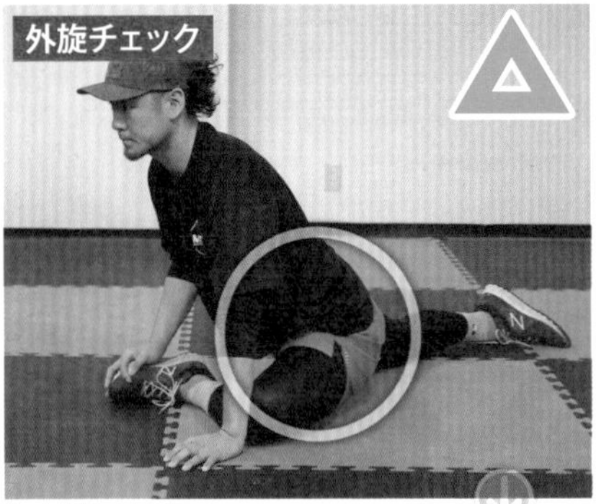

前足の膝が地面に着き、骨盤がしっかりと入る。後ろの足の股関節が地面に着いた状態で股関節が外旋できれば「△」

お尻が硬くて膝が浮き、骨盤が逃げる（写真のように骨盤が入らないため、背中が丸まる）。四頭筋が硬いため地面に着かないと「×」

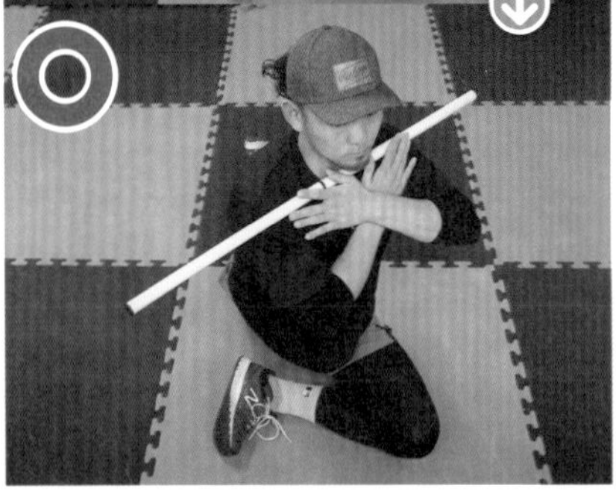

右写真と同様の動きで時計回りに45〜90度、フォロースルーで45〜90度回れば「○」

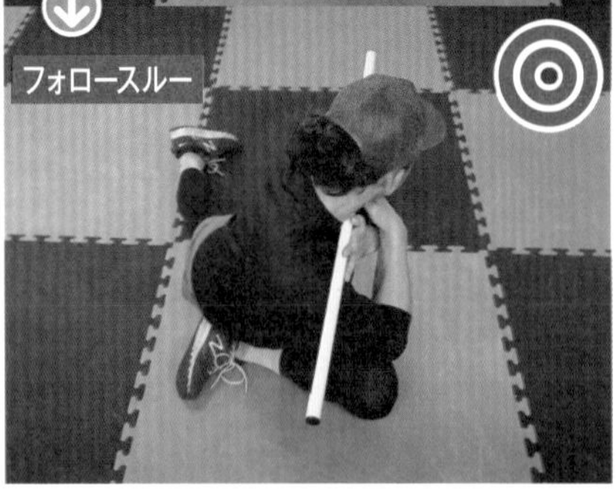

外旋の姿勢を保ったまま両手をクロスさせて肩のラインでバーを持つ。胸郭主導で肩を時計回りに動かし（※左投の場合は逆回り）、90度以上回れば「○」。そこからフォロースルーの動きで同じく90度以上行ければ「◎」

※トップ＝投球や打撃動作の「トップ」時の状態

外旋チェック&トップ→フォロースルー→ココにつながる！

捕球&送球

捕球から送球までの足運びがスムーズになり、送球時にも胸郭をしっかりと使えるので速く正確な送球ができる。また、胸郭に柔軟性があると状況に応じて上からだけでなく横から投げるなど、スローイングにバリエーションも生まれる

スローイング
バリエーション

足運びがうまくいかず、胸郭も硬いためいわゆる「手投げ」のようになって強い送球もできない

CHECK 4

ブリッジ（胸郭の柔軟性）

肘を伸ばし、胸郭の丸みをつくる。手だけで身体を上げるのではなく、胸郭をしっかりと張る。この状態がキープできれば「△」

肘が伸びず、胸郭に十分な丸みがつくれなければ「×」

ブリッジができるようになったら、次は歩けるように。胸郭の丸みを維持したまま前後に5歩進めるようになれば「○」

ブリッジで歩けるようになったら、次は回れるように。左右のローテーションともにできるようになれば「◎」

ブリッジ→ココにつながる！

送球

写真を見てもわかるようにブリッジでつくったような胸郭の丸みが送球時にも生まれる。こうすることで強い送球が可能になる

胸郭に柔軟性がないと丸みをつくって張ることができず、強い送球はできない

機能低下チェック

外反母趾、内反小趾、膝、足首のゆるみなどが原因で特に横の動きに対しての機能が低下していないか、走る際にブレが生じないかをチェックする

CHECK 1

ランジチェック

左足を前に出して体を沈ませ、ランジの姿勢をとる。その状態で膝を内側と外側、両方から押してもらう。姿勢がぐらついたり倒れそうになる場合、何らかの理由で機能低下が起きている可能性がある

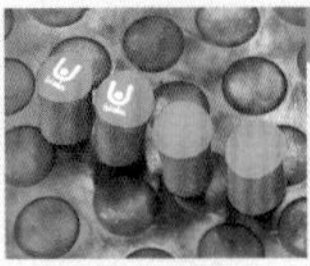

ITEM

発泡ゴムの素材でつくられ、足の指先にはさんで使う「ユビスラ」

POINT

親指と人差し指の間、薬指と小指の間にそれぞれ「ユビスラ」をはさんで同じようにランジチェックを行い、改善されるようなら外反母趾、内反小趾が影響している可能性がある

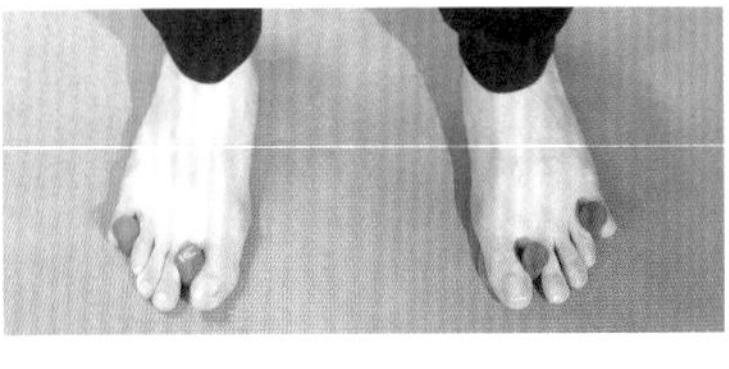

どうしてこうなる?

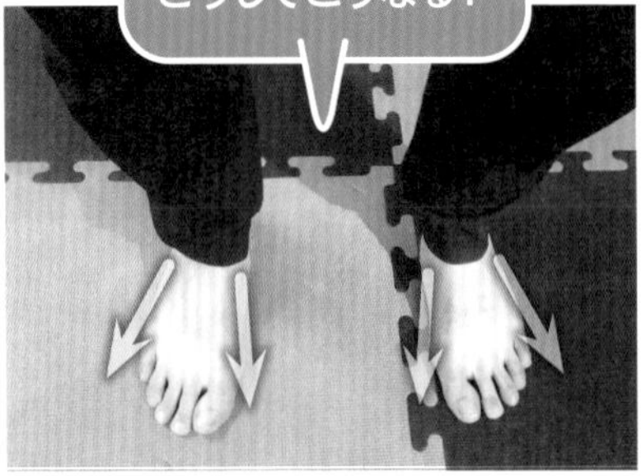

外反母趾の場合、親指が内側に入っていることで外側からの力に弱く、内側に倒れやすい。逆に内反小趾の場合は外側に倒れやすくなる

CHECK 2

片足ランジスクワットチェック

片足で立った状態でかかとを浮かせ、バーをつかみながらスクワットする。足のアーチ（P104参照）を意識して行う

膝を曲げた際に内側に入ってしまう場合は、内反小趾などが影響している可能性がある

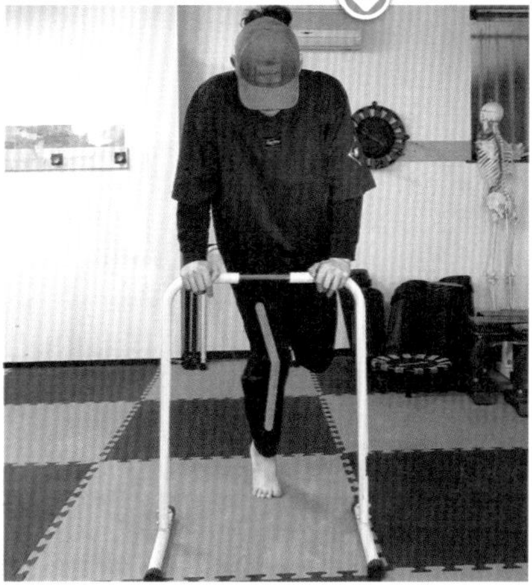

膝を曲げた際に外側に開いてしまう場合は、外反母趾などが影響している可能性がある

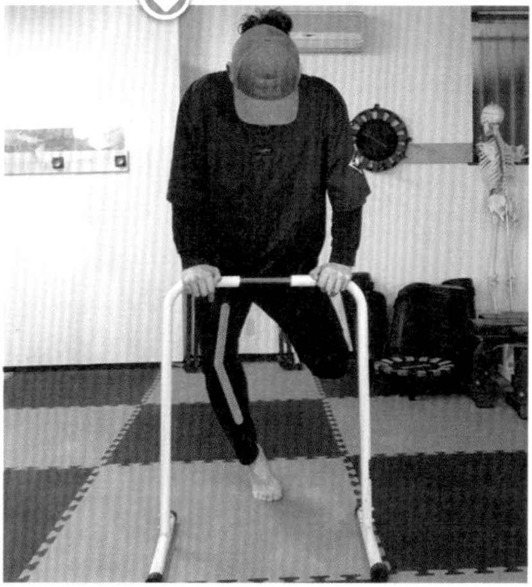

POINT

機能低下が見られる場合、膝や足首にサポーターをつけたり、チューブをかけてランジチェックや片足ランジスクワットを行うと改善するケースがある。その場合は、サポーターやチューブをつけた場所が緩んでいる可能性が高い。

パフォーマンスライン

～自分が使いやすい足を知ろう～

足の使いやすさには多くの場合、〝左右差〟がある

選手が高いパフォーマンスを発揮するためには、自分自身にはどういう身体の使い方が合っているのかを知ることが重要です。それを「パフォーマンスを発揮するために必要なライン分け」という意味で、「パフォーマンスライン」と名付けました。

パフォーマンスラインは8タイプに分かれます。自分にとって使いやすいのは「右足・左足」「右手・左手」「腹筋・背筋」のどちらか。この掛け合わせで8タイプです。

パフォーマンスラインは過去に出版した「革新的」シリーズでも紹介してきましたが、走塁と守備で特に大事になるのが「右足・左足」です。走り出す際、右足からスタートするほうが力が入るか、左足からのほうがいいのか。個人差があるので、28ページに掲載した見分け方で確認してください。

気にかけてほしいのが、多くの選手には〝左右差〟があるということです。野球では横を向いた状態から走り出す動作が多くありますが、右に走るのと左に走るのではタイムに大きな違

いがあるケースがよく見られます。これはまさにパフォーマンスラインで、右足と左足のどちらが得意かという話です。

まずは自分自身を知るために、左右それぞれを向いた状態から10mダッシュのタイムを計測してみてください。違いがなければそれほど気にする必要はないですが、例えば右側を向いてのスタートは速い一方、左側はすごく遅くなるとします。これを一塁走者に置き換えて考えると、スタートはスムーズに切れるけれど、帰塁が遅くなるということになります。

帰塁が遅い選手は、リードを大きくとりたがらない傾向にあります。素早く牽制球を投げられた場合、アウトになる確率が高いからです。つまり、いくらスタートが速くても、リード幅が狭いために盗塁をできないということです。

逆に、左側を向いてのスタートは速い一方、右側は遅いという選手がいたとします。一塁走者として考えると、帰塁は速くできるから得意だけれど、スタートを切るのは遅くて苦手となります。この選手も盗塁はそれほどできないでしょう。

走塁や守備の動き出しで大事なのは、自分の得意な足をうまく使うことです。しかし多くの選手に見られるのは、左右の走り出しともに同じ動き方をしようとすることです。例えば進塁の一歩目をクロスして出す人は、帰塁の際もクロスして戻ろうとします。

ですが、左右で同じように足を使う必要はありません。左右差があるのは決して珍しくないので、進塁と帰塁で足の出し方を使い分ければいいのです。詳しくは42ページから解説したので、得意な足を「きっかけ」として使えるようになってください。

右側に走り出すのは得意な一方、左側は苦手という選手が得意な足を軸としてうまく使えるようになり、左側にもスムーズに動けるようになったとします。つまり、それは帰塁の動きも克服できたということです。この選手が一塁走者に出た場合、リードをもう一歩とれるようになり、それだけで盗塁のタイムを「０・１秒」短縮できます。

さらにトレーニングをして速く走れるようになれば、もう「０・１秒」くらい縮められるでしょう。足を速くするためには走るだけではなく、左右を向いた体勢からのメディシンボールスローでお腹の力をうまく発揮できることも重要になります（トレーニングメニューは１５０ページ以降を参照）。得意な足をうまく使い、さらにトレーニングを重ねていけば、「０・２秒」程度は多くの選手が短縮可能だと私は考えています。

「０・１秒」と聞くと、そんなに大きな差だと感じないかもしれませんが、それはあくまで生活の中での話です。「０・１秒」あれば、大人の陸上選手なら約１ｍ、小学生でも50㎝程度進むことができると思います。

野球の塁間は27・４３１ｍです。一塁走者として二盗を試みる際、リード幅を除くと二塁までは約24ｍの距離になります。

二盗を成功させるためには、どれくらいの速さで走らなければならないでしょうか。プロ野球の場合、投手のクイック（約１・３秒）、捕手のスローイング（約２秒）、野手のタッチ（約

0・1秒）を合わせた「約3・4秒」を切れるかが基準になると考えられています。こうした世界の中で「0・1秒」や「0・2秒」を短縮する意味がどれくらい大きいのか、野球をしている皆さんにはよくわかるでしょう。

守備でも「0・1秒」の短縮は大きいです。動き出しの速さで、ギリギリの打球に追いつけるかどうかが変わってくるからです。特にセンターラインのセカンド、ショート、センターを守っている選手は、左右どちらの動き方もできるようになっておく必要があります。

守備や走塁で「一歩目」を素早く切れるようになるためには、パフォーマンスラインを知ることが重要です。自分の得意な足をうまく使えるようになれば、かなり優位に立てるからです。誰でもすぐにできることなので、ぜひ取り入れてみてください。

パフォーマンスライン（足）

チェックの仕方①

自分は右足と左足、どちらが使いやすいかをチェックする。コーチや家族、チームメイトに手伝ってもらって行うのが基本。「自分は軸足のほうが使いやすいはず」といった先入観は持たずに行うのがポイントだ

基本の姿勢

肩幅よりやや広めに足を開き、右足に体重を多めに乗せて立つ。その状態で右手を前に伸ばす

パートナーに上から力を加えてもらい、手が下がらないように耐える。右足に体重が乗りにくい人なら、押される力に耐えるのが難しい

今度は左足に体重を乗せ、右手を伸ばして同じように上から力を加えてもらう。右足と左足、どちらに体重を乗せたほうが力に耐えられるかを確認する

POINT

体重計をふたつ用意して7対3の割合で交互に体重をかけてチェックを行い、どちらが使いやすいか目で見て行うとわかりやすい。

※右手・左手、腹筋・背筋も含めたパフォーマンスラインのチェック方法は『革新的投球パフォーマンス』P21～P29を参照してください。

パフォーマンスライン（足）

チェックの仕方②

どちらの足が使いやすいかをチェックするもうひとつの方法。より「走る」姿勢に近い形でチェックすることで自分の使いやすい足が意識しやすくなる。

体の右側に向けてスタート（進塁）

実際に二塁へスタートを切る際の足運び（P42参照）を、パートナーに進行方向とは逆方向に力を加えてもらいながら行う。このとき、もっとも力が入りやすく、パートナーを押し返しやすい足運びが自分に合ったスタート方法になる

POINT

たとえば自分の利き足が右であっても、スタート時に力が入りやすいのは左のケースもある。また、進行方向によっても強いスタートを切れる足が違うケースもあるので、各スタート方法でしっかりとチェックを行おう

体の左側に向けてスタート（帰塁）

一塁へ帰塁する際の足運び（P42参照）を、パートナーに進行方向とは逆方向に力を加えてもらいながら行う。このとき、もっとも力が入りやすく、パートナーを押し返しやすい足運びが自分に合った帰塁方法になる

野手も"球速140㎞/hライン"を目指そう

野球において"球速"が重要なのは投手だけではありません。球速が上がれば、たとえば捕手であれば二塁送球で盗塁を刺せる可能性が上がりますし、野手ならゴロを捕球した際に多少ファンブルしても一塁で打者走者をアウトにできたり、守備位置を深くすることができるからです。下の表は球速130～150㎞/hを計測するために必要な"ライン"を示したものです。本書では、野手であっても"140㎞/hライン"を目指してほしいと考えています。ハードルが高いと思うかもしれませんが、日々のトレーニングをしっかりと行えば普通の高校生でも確実にクリアできるはずです。まずは各項目を計測して、自分に足りない要素を把握したうえで"140㎞/hライン"を目指してみましょう。

球速の指標 130km/hライン～150km/hライン

項目	130km/h	135km/h	140km/h	145km/h	150km/h
股割り (P14参照)	△	○	○	◎	◎
ブリッジ (P20参照)	△	○	○	◎	◎
スクワット (P16参照)	△	○	○	◎	◎
外旋での前足トップ &フォロースルー (P18参照)	△	○	○	◎	◎
ボックスジャンプ※	75cm ×10回連続	90cm ×10回連続	105cm ×10回連続	120cm ×10回連続	135cm ×10回連続
10m走	1秒85	1秒80	1秒75	1秒70	1秒65
メディシンボール スロー(5kg)	11m25	12m50	13m75	15m00	16m25
立ち幅跳び	2m60	2m70	2m80	2m90	3m00
立ち三段跳び	7m25	7m50	7m75	8m00	8m25
ベンチプレス※	60kg×10回 (MAX70kg)	70kg×10回 (MAX88kg)	80kg×10回 (MAX100kg)	90kg×10回 (MAX112.5kg)	100kg×10回 (MAX125kg)
クリーン・ ペンタゴンクリーン※	50kg×10回 (MAX63kg)	57.5kg×10回 (MAX72kg)	65kg×10回 (MAX80kg)	72.5kg×10回 (MAX90kg)	80kg×10回 (MAX100kg)
フロントスクワット※	50kg×10回 (MAX63kg)	65kg×10回 (MAX81kg)	80kg×10回 (MAX100kg)	97.5kg×10回 (MAX120kg)	112.5kg×10回 (MAX140kg)
スクワット・ デッドリフト※	112.5kg×10回 (MAX141kg)	130kg×10回 (MAX163kg)	147.5kg×10回 (MAX185kg)	160kg×10回 (MAX200kg)	180kg×10回 (MAX225kg)
プルダウン	140km/h	145km/h	150km/h	155km/h	160km/h

※ウエイトのMAXは計測せず、10回上げられる重さを計測して実施
※トレーニングの詳細は『革新的投球パフォーマンス 普通の高校生でも毎日50分の練習で140km/hを投げられる』を参照
※プルダウン(P164参照)の球速はマウンドからの球速+10km/hが基準。
※数値は一部改正しています

前足トップとは?

送球時に大事なのが、トップをどのタイミングでつくるか。上半身でトップをつくりにいくとき、下半身でも別の動作が行われています。その際、前足を進行方向に着地させた後にトップがつくられることで、おなかの前方部が引き伸ばされます。そこから送球動作に移ることで、送球する方向により強い力を発揮できるのです。この動きはよく「割れをつくる」と表現されていますが、本書では「前足トップ」と呼んでいます。ピッチング、バッティングでよく聞く表現かもしれませんが、実は野手の送球でも同じように重要です。打球を捕る→送球するという一連の流れの中で、この「前足トップ」をしっかりとつくれるように意識してみましょう。

打球を捕ってから送球に移る一連の流れの中でも、しっかりと前足トップをつくることで強いボールを投げることができる

基本の構え・守備

飛んできたボールにうまく反応できるためには、どうやって構えているかがまずは重要になる。速い打球やイレギュラー回転にも反応でき、ボテボテのゴロを前に出てうまくさばけるためにも、体が動きやすいような構え方をしておこう

肩幅よりやや広く

両足を肩幅よりやや広めに開き、母趾球と小趾球に重心を置いて、胸を張りすぎないで立つ。背中に適度な丸みを持たせることで、体のしなりが使えて楽に立つことができる。頭の位置は前に行きすぎないように

重心を置く位置

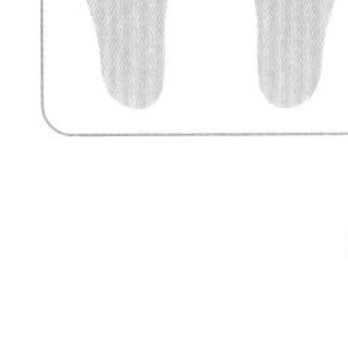

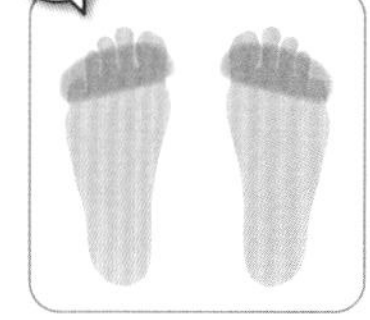

「しっかり前に出られるように」と意識すると、足の指に重心が乗り、頭が前に出た結果、かかとが薄く浮いて（左）動き出しにくくなって前に出にくくなる。股関節が硬い人や、かかと体重の人は腰が引けた構えになりがち

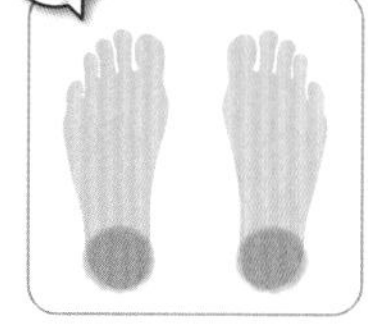

スプリットステップ

もともとテニスのレシーバーが行う動作で、相手がサーブを打つ直前に足を小さく開いてジャンプすることで打球に反応しやすくなる。野球の守備では、打者が打つ瞬間に行う。スイングのタイミングにうまく合わせることがポイント

打者が打つ瞬間に足を小さく開いてジャンプする

母趾球と小趾球に重心を置いておくと、スプリットステップをしたときに弾みやすいから前に行きやすくなる。一方、指の前に重心を乗せておくと弾まず、かかと体重だとうまく飛べなくてドシドシとした動きになりやすいスプリットステップを行うことで筋肉の伸張反射を使えるので、ゴロが飛んできたときに反応しやすくなる。正しい重心位置で構えられているかの確認にもなる。スプリットステップをした後、スムーズな動きで打球を処理しよう

守備範囲の違い
～シングルキャッチと両手キャッチ～

打球を片手で捕るのと両手で捕球するのでは、対応可能な守備範囲に差が出てくる。その後の送球のしやすさも含め、双方にメリットとデメリットがあるので両方ともできるように練習しておき、打球によって使い分けよう

逆シングルと正面捕球で
これだけ差が出る！

逆シングル（上）なら三遊間深くの打球にも対応できる一方、両手で捕球するには（下）正面に入る必要がある。守備範囲の違いは明白だ。三遊間深くの打球を逆シングルで捕れば、そのまま踏ん張り送球につなげられる

シングルキャッチの守備範囲イメージ

（ショートの場合）

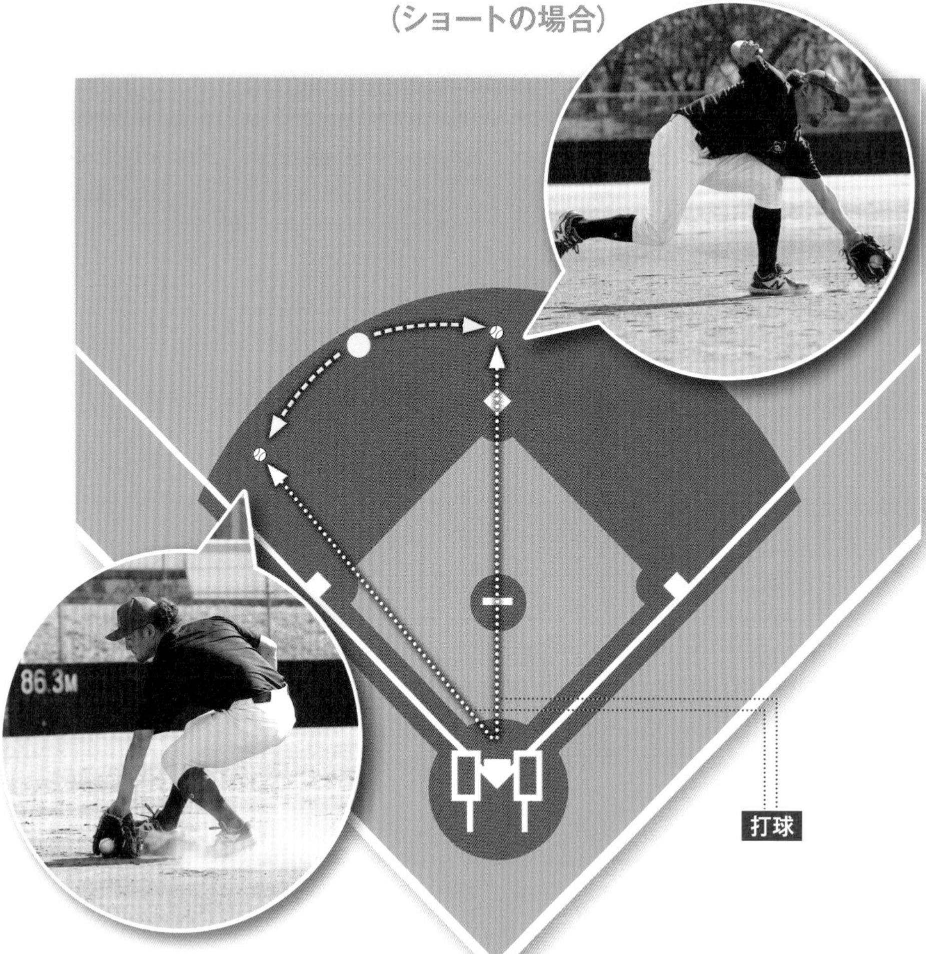

シングルキャッチなら身体の外側に飛んできた打球にも手を伸ばして届くため、対応できる守備範囲が広くなる。ジャンピングスローやサイドスロー、体を回転させての送球などスローイングも使い分けやすい

両手キャッチの守備範囲イメージ

（ショートの場合）

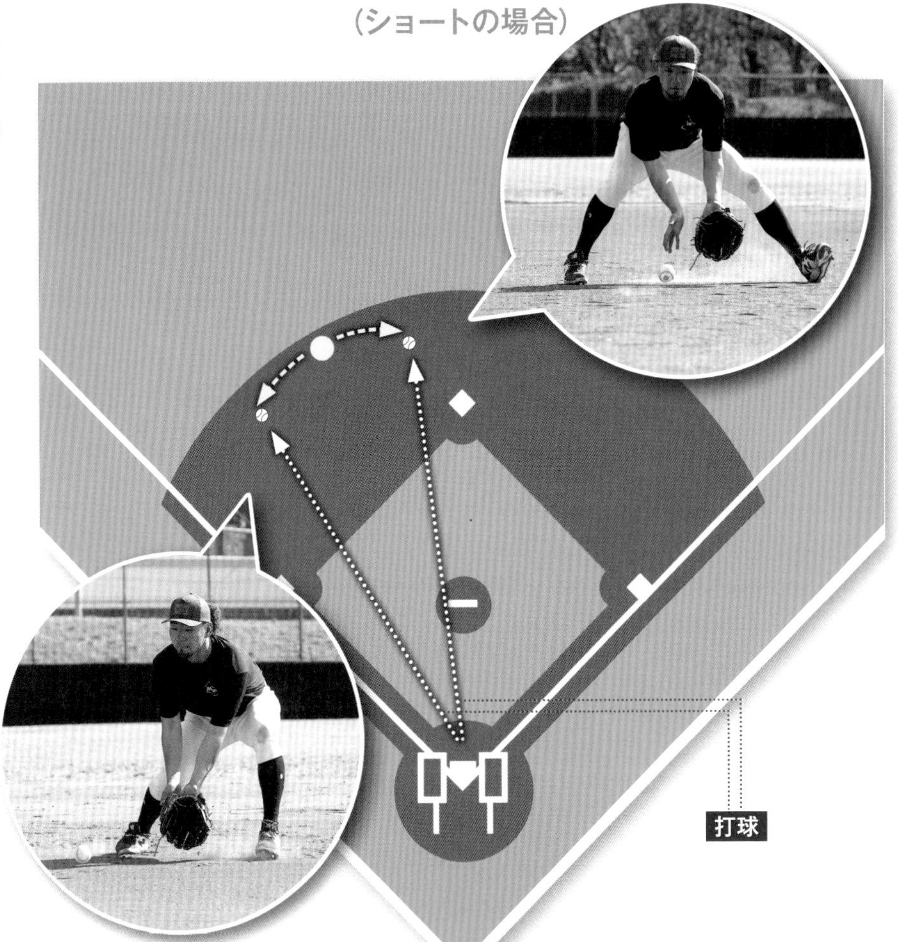

両手キャッチはボールを捕ってからすぐに持ち変えやすい反面、打球の正面に入らないといけないのでシングルキャッチに比べて守備範囲が狭くなる。正面の打球は両手、二遊間は片手など使い分けられるようになろう

スタート足・守備

右足と左足のどちらで主導したほうが動きやすいかを確認し、出力をより高められる動き方をしよう。それが「0.1秒」の違いになる。右方向には動きやすいが左方向に動くのは苦手という場合、得意な足をうまく使えていない可能性がある

右方向・右足浮かせ左足スタート

右足を浮かせて、左足で蹴ってスタートを切る。右足がきっかけになるので、右足のほうが使いやすい人は早く動き出しやすい

右方向・右足引きスタート

右足を少し手前に引き、左足で蹴って動き出す。右足が動作のきっかけになるので、右足のほうが使いやすい人はこれでもOK

自分は右足が使いやすいのか、あるいは左足が使いやすいのか（P24の「パフォーマンスライン」参照）。それぞれ得意・不得意があるので、より高い出力を発揮できるような動き方をしよう。ポイントは、スタートのきっかけをどちらの足で行うのか。例えば右足を引いて左足で蹴ると、右足を引くのでそちらが動作のきっかけにはなる。きっかけになる側の足を押すのか、引くのか、やりやすいほうで行おう。野球の守備では右と左に動くケースがあるが、どちらも同じ足から動く必要はない。方向別に得意な足を主導させて行おう（走塁の帰塁と進塁も同じ）。得意な足をうまく使って一歩でもスタートを早くできるとそれが「0.1秒」の違いになり、大きな差になっていく。

右方向・右足スタート

右足が使いやすい場合、右足から動かしたほうがスムーズに動きやすい。右足を浮かせてスタートを切り、打球を追いかけよう

右方向・左足スタート

左足が使いやすい場合、左足で地面を押してスタートを切ったほうが早く動きやすい。左足はクロスしてもOK

スタート足・守備

左方向・左足浮かせ右足スタート

左足を浮かせておき、右足を蹴って動き出す。左足がきっかけになるので、左足のほうが使いやすい人は早く動き出しやすい

左方向・左足引きスタート

左足を少し手前に引き、右足で蹴って動き出す。左足が動作のきっかけになるので、左足のほうが使いやすい人はこれでもOK

左方向・左足スタート

左足が使いやすい場合、左方向の打球にはスムーズに反応しやすい。左足から動き出し、そのままボールを捕りにいこう

左方向・右足スタート

右足が使いやすい場合、左方向の打球には右足を押し出して体を動かしていくような形になる

ハンドリングドリル① 1人

打球を処理する際に体の正面で両手キャッチしかできないと、すべてのゴロに対して体の正面に入る必要があり、守備範囲が狭くなる。ハンドリングドリルで柔らかいグラブさばきを身につけ、さまざまな打球に対応できるようになろう

体の左側

次は体の左側で同じように行う。ショートの場合、定位置より二遊間寄りに飛んできたゴロをさばくようなイメージで行う

正面

まずは正面でボールをうまく捕る感覚を磨こう。ゴロを捕球するときと同じくらい低い体勢になり、ワンバウンドさせたボールを捕る

正面（逆シングル）

シングルキャッチの応用で、逆シングルの感覚も身につけておこう。腕を前でクロスして、ワンバウンドさせたボールを逆シングルで捕球

体の右側

今度は体の右側で同じように行う。ショートの場合、定位置よりサード寄りに飛んできたゴロをさばくようなイメージで行う

ハンドリングドリル① 1人

体の右側（逆シングル）

次は体の右側で同じように行う。この捕り方ができれば、ショートは三遊間深くのゴロを捕球して一塁送球までスムーズにつなげられる

体の左側（逆シングル）

逆シングルキャッチを正面だけでなく、体の横でもできるように。まずは体の左側でワンバウンドさせて、逆シングルでキャッチ

ハンドリングドリル② ペア

ペアで行うハンドリングドリル。捕球者は膝を着き、体の前でワンバウンドするボールを投げてもらう。膝を着いて行うことで、動作がグローブの操作だけになるからキャッチの感覚を身につけやすい。ウォーミングアップに取り入れてもOK

体の左側

次は体の左側に投げてもらい、同じように捕球する。正面から外れたボールでも、体の外で両手で捕球する形も練習しておこう

正面

膝を着いて楽に構え、体の正面でワンバウンドするボールを投げてもらって捕球する。両手、片手で捕るパターンともに行おう

ハンドリングドリル② ペア

正面（逆シングル）

膝を着いた体勢で、正面に投げてもらって逆シングルで捕球する。逆シングルに慣れていない人は、まずはこの体勢でうまく捕れるように

体の右側

今度は体の右側に投げてもらい、同じように捕球。ポロポロしてうまく捕れない場合、グローブがシングルキャッチに向いていない可能性も。P56を参考に、自分に合ったグローブを探そう

バリエーション

グラブトスver.

まずは膝を着いた状態で、体の近くに投げてもらったボールをシングル、逆シングルで捕球してグラブトスを行う。相手までの距離が遠い場合、ボールを届かせるためには体で勢いをつける必要がある

体の右側（逆シングル）

次は体の右側にワンバウンドのボールを投げてもらい、逆シングルで捕球する。ボールを片手で柔らかく捕るという感覚を養っていこう

ハンドリングドリル③ ペア・スタンディング

守備で構えた状態でハンドリングドリルを行う。柔らかいグラブさばきに加え、足をうまく使うことで対処できる打球の種類がグンと多くなる。飛んできた打球に対し、どの捕り方が一番いいのかを瞬時に選択できるようになろう

正面（逆シングル）

次は体の正面に投げてもらい、逆シングルでキャッチ。捕球から一連の流れで送球動作につなげやすいことが感覚的につかめる

正面

守備位置に就いたときのように楽な体勢で構え、体の少し手前でバウンドするボールを正面に投げてもらい、シングルハンドで捕球

体の右側（逆シングル）

次は体の右側にワンバウンドするボールを投げてもらい、逆シングルで捕球。無理に正面に入らなくても、逆シングルなら対応できる

体の左側

体の左側にワンバウンドするボールを投げてもらい、シングルキャッチ。両手捕球では届かない距離も、片手なら簡単にさばける

ハンドリングドリル③ ペア・スタンディング

横向き（逆シングル）

左肩が前に来た状態で半身で立ち、逆シングルで捕球する。この形で捕れるようになると、守備範囲がグンと広くなる

横向き

いつも体の正面で捕球できるわけではないので、半身の状態でもゴロに対応できるように。目の使い方がカギになるので慣れておこう

POINT

投げ手には常に同じ位置ではなく、投げ手側、体の正面、投げ手から見て遠くなど、バリエーションを意識して投げてもらおう。捕球位置に"奥行き"が生まれることで、実戦でもさまざまなバウンド、打球に対応できる

ウォーミングアップ代わりにやってみよう

素手ハンドリングドリル

ハンドリングドリルを素手で行い、柔らかい捕球感覚を身につけていく。親指と人差し指の付近で、グローブにあるポケットをイメージすることで「ソフトハンド」という感覚をイメージしやすい。遊び感覚で行ってみよう

P46～48のドリルは1人で行うメニューで、ウォーミングアップの代わりにもなる。まずは素手→グローブの順に行うのがベター。グローブをはめた状態より素手のほうが捕りやすい場合、グローブの形が合っていない可能性が考えられる

グローブはどう選ぶ？

近年のトレンドは操作性の高い〝コユニ〟

野手にとって〝相棒〟とも言えるグローブを選ぶ際、どういう基準で決めていますか？ 憧れの選手が使っているとか、好きなメーカーだからなど、見た目を優先している人も少なくないかもしれません。

もちろんカッコいいにこしたことはないと思いますが、最も重要なのは捕りやすさです。そこでまず考えてほしいのが、どんなグローブを使えば守備範囲が広くなりやすいかということです。

まず、ゴロをさばく体勢は「正面で捕る」と「片手で捕る」の２パターンに大きく分けられます。本書では「正面で捕る」ことにこだわる必要はないとしていますが、主な理由は以下になります。

①パフォーマンスラインで左足が使いやすい場合、ゴロの正面に入るより、体の左側で捕球するほうが動きやすいという人もいる（24ページ参照）

②両手で捕る（正面で捕る）より、片手で捕る（シングルキャッチ&逆シングル）ほうが、守

備範囲が広くなる（38ページ参照）

③正面に入っての〝当て捕り〟では、強い打球には対応しにくい

守備で大切なのは、いかにアウトの数を増やしていけるかです。それにはプレーの正確性や素早さ、そして守備範囲の広さが関わってきます。

③で挙げた〝当て捕り〟は、素早いプレーにはつながるでしょう。グローブで捕球するのではなく、文字どおりグローブの土手でゴロを当てるようにして止めて、添えている手で素早く握り変えて送球できることがメリットです。ただし、〝当て捕り〟は両手で捕る（正面で捕る）ことを前提としているので、守備範囲が限られます。強いゴロが飛んできた場合、グローブの土手に当てても打球の勢いに負けて大きく弾いてしまうこともあるでしょう。

対してシングルキャッチや逆シングルは、正面に入っての捕球より守備範囲が広くなり、強い打球に

“基本”とされる正面で捕ることはもちろん、逆シングルなど片手での捕球も状況に応じて活用することで守備範囲も広がり、アウトを奪える確率も上がる

も負けずにキャッチできます。練習していけば、正面で捕るのと同じくらい捕球の精度も高められるはずです。メジャーリーガーの多くがシングルキャッチと両手での捕球を状況によって使い分けていることを考えると、必ずしも「正面で捕る」必要はないのです。

シングルキャッチの確率を高めていく上で重要になるのが、どんな形状のグローブを選ぶかです。一般的にグローブは「縦型」と「横型」に分けられますが、私はもっと細かく分類する必要があると考えています。例えば野手の場合、グローブのポケットが深いとシングルキャッチをしやすく、そうした形状のものを「縦横型」と呼んでいます。

一方、〝当て捕り〟用は「縦型」で、ポケットが浅いです。そもそも土手で当てて止めることを目的につくられているので、ポケットが深くある必要はないのでしょう。

本書で述べてきたように私はシングルキャッチもできることを推奨していますが、そうした捕球をする上で、近年プロ野球の名手たちの間で流行し始めているのが〝コユニ〟という仕様のグローブです。文字どおり、グローブの小指を指す箇所に薬指と小指の2本を入れて、中指と人差し指はそれぞれ1本ずつ横にずらし、人差し指の箇所を開けて装着します。詳しくは66ページから説明していますが、人間の身体の構造上、薬指を中心に回転させたほうが手の操作性を高めやすくなるのです。加えて〝コユニ〟にするとグリップの力が上がりやすいので、強い打球にも負けずに捕球しやすくなります。そうしてうまくキャッチできれば、スムーズな送球にもつなげやすいはずです。

写真右が“コユニ”の縦横型グローブ。写真左が縦型の“当て捕り”グローブ。当て捕りのほうはポケットが浅い。操作性の良さも含めて自分に合ったグローブを選ぶのが重要

プロ野球で〝コユニ〟が流行り出したきっかけは、私が当時ウイルソンに在籍していたメーカーの担当者と知り合い、〝コユニ〟に特化したグローブを開発してもらったことでした。〝コユニ〟のメリットが埼玉西武ライオンズの外崎修汰選手に伝わり、2020年シーズンから使い始めます。チームメイトで二遊間のコンビを組む源田壮亮選手が興味を示し、自分のグローブにも取り入れて、同じメーカーのグローブを使っている福岡ソフトバンクホークスの今宮健太選手へと広がっていきました。3人はいずれもプロ野球を代表する内野の名手で、〝コユニ〟の特性をよく感じられたのでしょう。彼らの守備範囲の広さや堅実なプレーの裏には、名手を支える相棒がいるのです。

〝コユニ〟のメリットは、実践してもらうのが最もわかりやすいと思います。グローブをはめなくてもわかるので、試しにやってみてください。

まずはグローブをはめる側の腕を伸ばして、薬指を中心に回転させます。すごく回しやすいと思います。次に、人差し指や中指を中心に、伸ばした手を回転させてください。前腕の筋肉を結構使うと思います。人間の構造的に、薬指を中心に操作したほうが手をスムーズに動かしやすくなるのです。

以上を踏まえて設計されたのが〝コユニ〟のグローブです。加えて、指の部分が強くなるようにつくられているので、キャッチもしやすいという特性があります。いわば、シングルキャッチに向いたグローブと言えます。付け加えれば、縦横型でも〝当て捕り〟をすることは可能です。

より操作性を求めるなら小ぶりなグローブを選ぼう

〝コユニ〟だけでなく、近年のトレンドと呼べるのが、従来のグローブよりもやや〝小ぶり〟なグローブです。サイズ感がひと回り小さくなるだけで、操作性はぐんと高まります。シングルキャッチや逆シングルでの捕球はもちろん、捕ってから投げるまでの動作もスムーズになるはずです。特に顕著なのが外野手用グローブ。通常の外野手用グローブは縦長につくられていますが、最近では操作性を求めて〝小ぶり〟なグローブを使うプロ野球選手が増えている印象を受けます（詳細は78ページ参照）。

２０２３年に開催されたワールド・ベースボール・クラシック（ＷＢＣ）で侍ジャパンの優勝に貢献したラーズ・ヌートバー選手（セントルイス・カージナルス）も、本人から直接聞いたわけではありませんが映像を見る限り、通常より〝小ぶり〟な外野手用グローブを使っているようです。彼の球際の強さや捕球から送球までのスムーズな動きの要因のひとつには、グローブの形状もあると言え

写真左が通常の外野手用グローブ、右が近年トレンドの小ぶりな外野手用グローブ

るでしょう。
　また、私が今注目しているのがファーストミットです。ご存じの通り、通常のファーストミットは野手の送球を〝捕る〟ことに特化しているため、ポケットは深く、ミット自体も大きく設計されています。
　しかし、ファーストの役割は野手からの送球を捕ることだけではありません。左打者が増えた近年は、一塁線に鋭いゴロが飛んでくるケースも以前より増えたように思えます。走者がいる場合はゴロを捕球するだけでなく、二塁や三塁、本塁に素早く送球しなければいけなかったり、状況次第では中継プレーに参加することもあるはずです。
　ファーストも内野手のひとりであり、セカンド、サード、ショートと同じように捕球から送球までの動きをスムーズにしたり、ゴロを逆シングルで捕球する必要があることを考えると、現在のファ

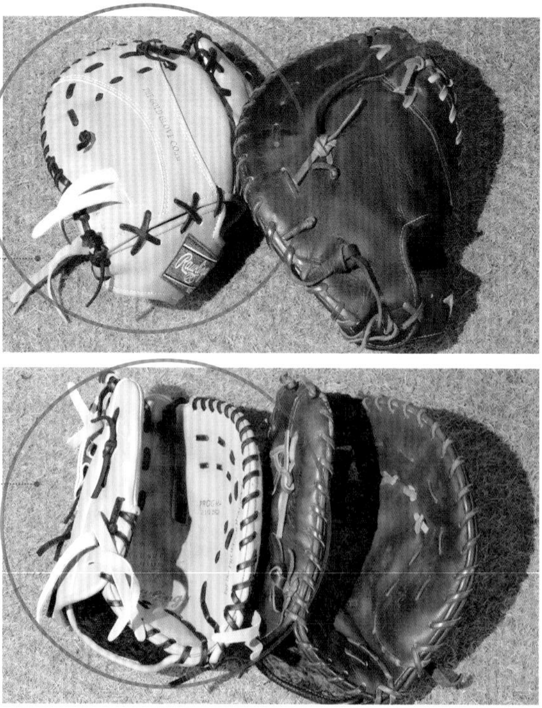

ファーストグラブ

右が通常のファーストミット。左がファーストグラブ。縦のサイズと小指側までの幅を狭くすることでシングルキャッチ時の操作性が高まる

ーストミットの形状は決して正解とは言えないはずです。

そこで私が考えたのが、既存のファーストミットより操作性を高めた〝小ぶり〟な〝ファーストグラブ〟です。写真を見てもらえるとわかるように、通常のミットよりも横幅が狭く、操作性が高くなっています。ファーストに求められる確実な捕球と操作性のバランスをとった形状と言えるかもしれません。

2023年時点では、メーカーさんに依頼をして作ってもらっている段階ですが、将来的にはこの〝ファーストグラブ〟が広く知られることになるのでは……と考えています。

練習で活用したい
トレーニンググラブとフレーミングミット

グローブの操作性を高めるために日々の練習で

フレーミングミット

通常のキャッチャーミットよりも小ぶりに作られており、フレーミングやブロッキングの練習に活用できる（写真右がフレーミングミット）

活用してほしいのが、トレーニンググラブとフレーミングミットです。ともに、通常のグローブよりもかなり〝小ぶり〟に作られており、素手とグローブの中間くらいをイメージしてもらえればわかりやすいかもしれません。

〝小ぶり〟なぶん、操作性は非常に高く、逆シングル、シングルキャッチ、フレーミングやブロッキングに慣れていない選手は扱いやすいというメリットがあります。一方で、小さく設計されているぶん、しっかりとポケットで捕球しないとグローブにボールが収まりません。

練習で使ってグローブの動かし方や捕球動作を体になじませ、そこから試合用のグローブに持ち替えることで、〝捕りやすさ〟を実感できるというメリットもあります。

また、特にトレーニンググラブをおすすめしたいのが左投げの選手です。左利きはポジションが限られるため、単純に内野の守備練習をする機会が少ないのが現状です。

そのため、左投げの選手は「フィールディングに不安がある」と思い込んでいるケースが多くみられます。実際は練習する機会が少ないだけなので、左投げの選手こそ、トレーニンググラブを活用して逆シングルやシングルキャッチの感覚をつかんでほしいと考えています。

グローブの形状は、ここまで野球選手のプレーに大きな影響を及ぼすものです。

守備で思ったようなプレーをできていない選手は、グローブを見つめ直してみるといいかもしれません。自分に合っていないグローブを使っているために、守備に悪影響が出ている人が少なくないからです。そうした選手が〝コユニ〟や〝小ぶり〟なグローブを使い始めると、グッと上達した例もあります。

〝相棒〟とも言えるグローブの選択は、野手にとって極めて大切です。本書の話も踏まえて、自分に合ったグローブを探し出してください。

トレーニンググラブ

素手とグローブの中間のようなイメージ。左投げ用のトレーニンググラブは数も少ないが、感覚をつかむために練習でも積極的に活用してほしい

※右写真は通常のグローブとの比較。左がトレーニンググラブ

グローブのはめ方

グローブには5本の指に対してそれぞれ差し込む箇所が設計されているが、小指に2本（小指、薬指）を入れたほうが操作しやすくなる型もある。その場合、いわゆる“コユニ”のほうが動かしやすくなり、シングルキャッチもしやすい

小指に2本入れる

親指は普通に入れる。人差し指を差し込む箇所を空けて、中指の場所に人差し指、薬指の場所に中指を挿入。小指の個所に薬指と小指を入れる。腕を伸ばして薬指を軸に回転させると、5本の指をそれぞれの箇所に入れた場合よりスムーズに回せる

小指に1本入れる

グローブの穴のとおりに5本の指をそれぞれ入れる（写真のように人差し指を出す場合もある）。その状態で腕を伸ばし、人差し指や中指を中心に回転させてほしい。身体の構造上、薬指を中心に回した場合より、筋肉を使うので回しにくい

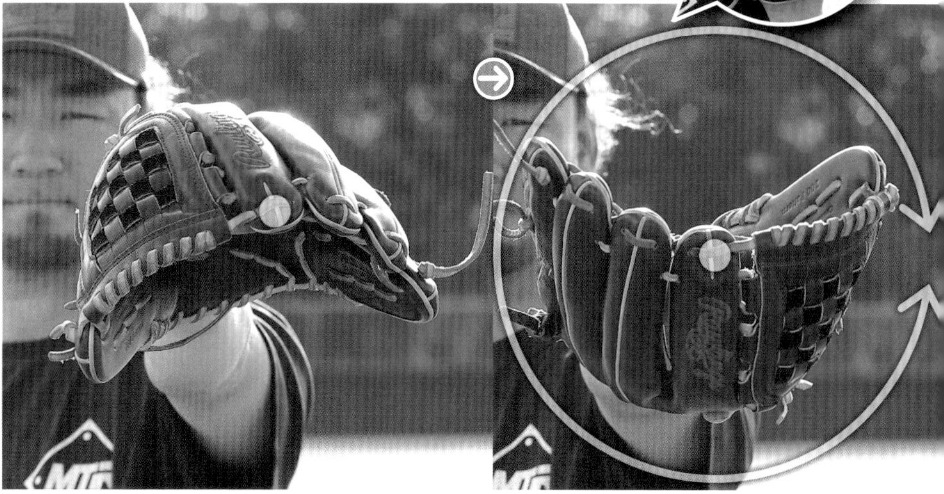

当て捕りグローブ（小指1本）

いわゆる“当て捕り”に向いたグローブ。特に人差し指を外に出す場合、腕を伸ばして回転させると人差し指が軸になるため、動きがブレて操作性が悪くなり、正面以外のゴロの対処は難しくなる

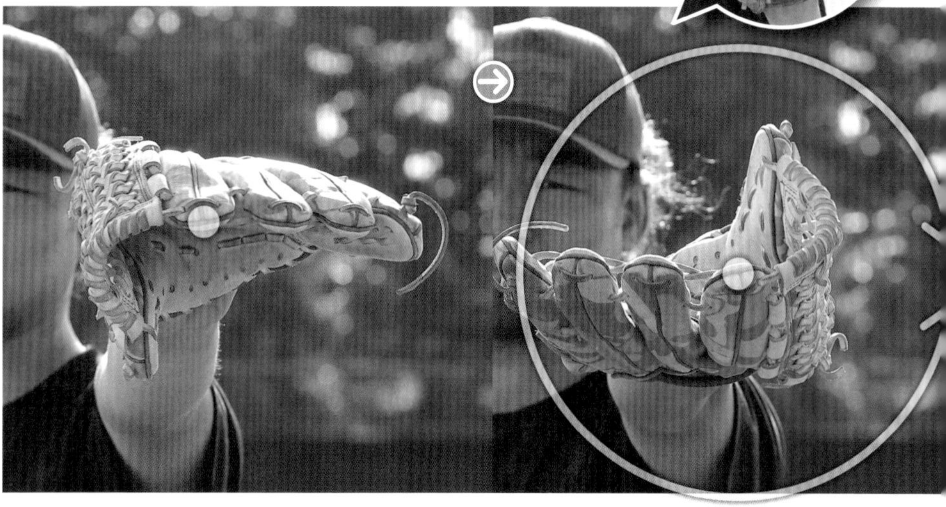

グローブのはめ方

【小指に2本入れる】 素手で見ると……

素手の状態で、薬指と小指をくっつけてそこを中心に回転させてみよう。5本の指が離れた状態（P69参照）で行うより、スムーズに回ることがわかるはずだ。慣性モーメントの違いによる影響

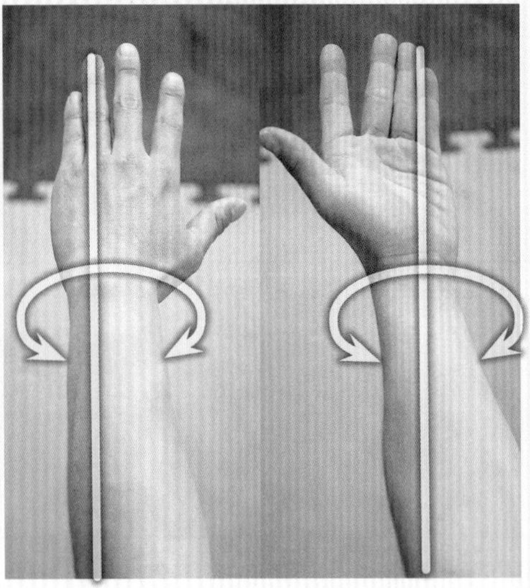

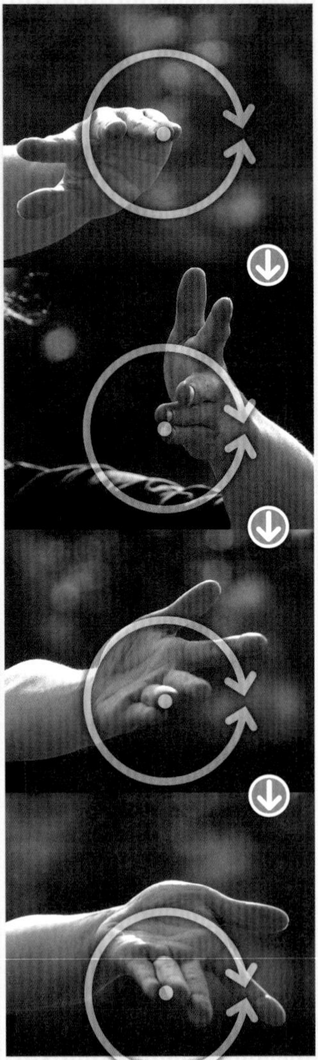

【小指に1本入れる】 素手で見ると……

5本の指を離した状態で腕を伸ばし、回転させてみよう。右ページのように薬指と小指をつけて回すのと比べ、小指の抵抗を感じるはずだ。指の開き方により、慣性モーメントが少し大きくなる

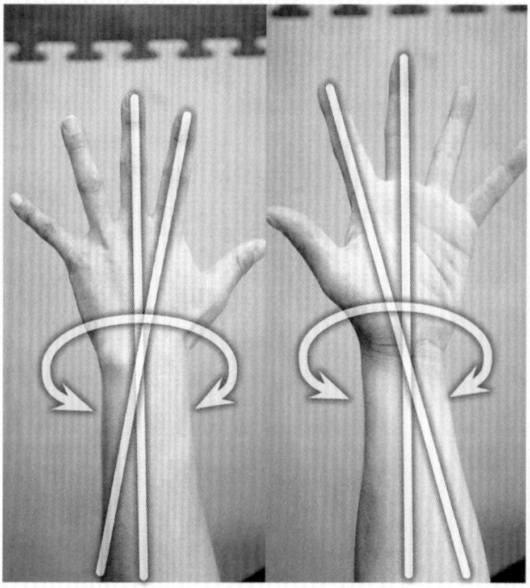

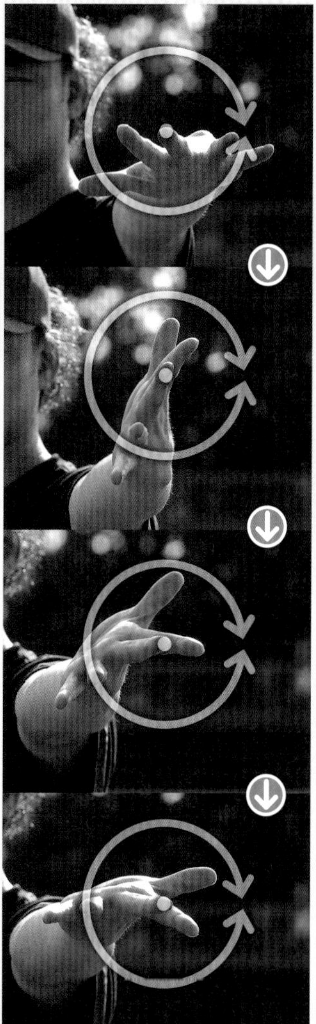

グローブの使い方

グローブはボールを捕るための道具だが、“当て捕り”をしやすいために設計されているものもある。違いはポケットの深さや、土手の広さなど。形状が捕球に大きな影響を及ぼすので、グローブ選びも重要

小指2本グローブ（縦横型）

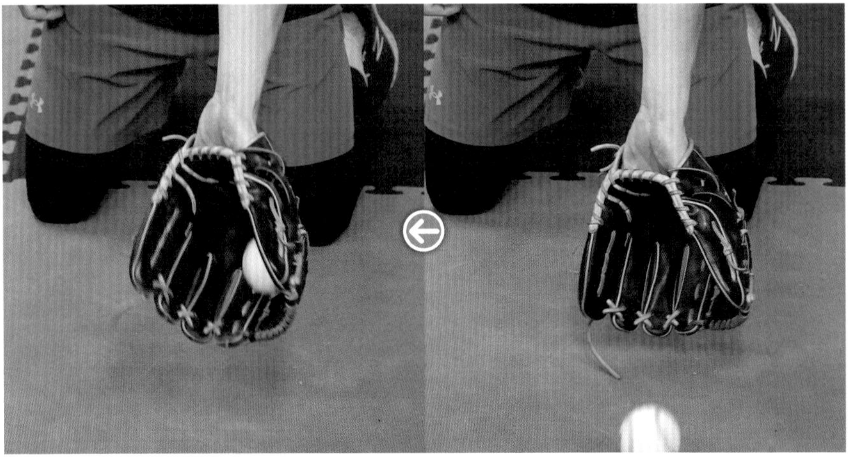

グローブのポケットが深めにつくられているので、シングルキャッチをしやすい。もちろん、投げる側の手を添えて両手で捕ることもできる。当て捕りをすることも可能だ

グローブの土手の部分が横綴じとなっていて、親指と小指を柔らかく使いやすいように設計されている。ポケットも深く、全体的に丸みがあるので、手の感覚のようにしっかりつかみやすい

当て捕りグローブだと……

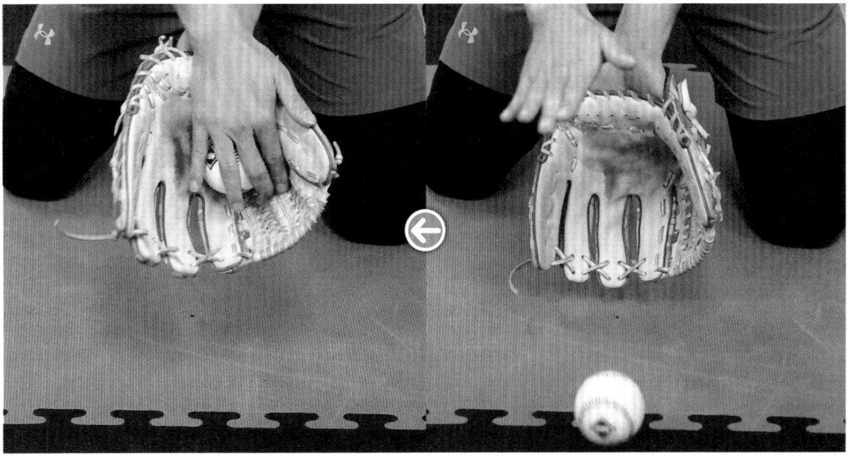

“当て捕り”用のグローブはポケットが浅く、ボールをしっかり握ることができないので、グローブにボールを当てたらすぐに手を添えなければならない。つまり、守備範囲がどうしても狭くなる

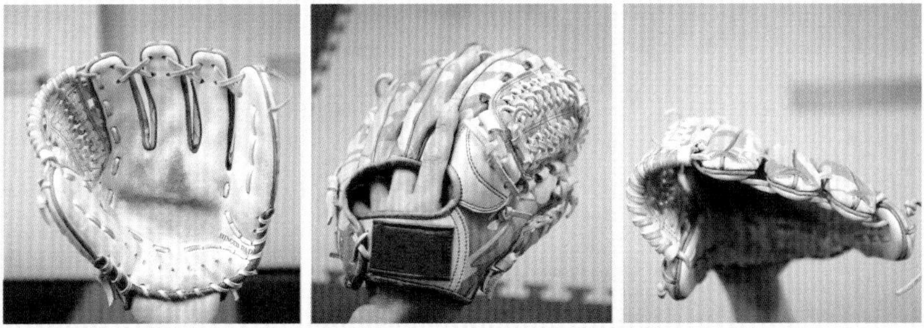

右ページの縦横型グローブと比べると、“当て捕り”用はポケットが浅く、ボールを握りにくいことがわかりやすいだろう。握り変えを速くできることが利点とされるが、縦横型でも十分に可能

グローブを動かせる範囲を考える

両手で捕る場合と、シングルキャッチではボールに届く範囲が変わってくる。どちらもメリットとデメリットがあるので、打球に応じて使い分けられるようになろう

両手で動かせる範囲

両手で捕るためには送球側の手を添えていなければならないので、片手の場合よりボールに届く範囲が狭くなる

片手で動かせる範囲

守備位置の左右に飛んできたライナーやゴロの場合、シングルキャッチのほうが遠くまで届く。捕り方が守備範囲の広さにも影響する

グローブを動かせる範囲を考える

足を伸ばして両手で動かせる範囲

足を伸ばすと、左右の打球にもある程度対応できる。送球までの時間に余裕がある場合や強い打球には正面で捕球すればいい

足を伸ばして片手で動かせる範囲

シングルキャッチの場合、足を伸ばせば守備範囲がかなり広くなる。野手の間を抜けそうな打球でも、逆シングルなら捕球可能

“打球は変化する”ことを理解しよう

ボールのどこを打つかで打球にかかる回転は変わる

プロ野球の一流打者は、打ちたい打球をイメージしてボールとコンタクトする場所を狙い分けると言います。細かく分けると、ボールは上、下、外、内、前、後ろを打つことができます。同じ軌道のスイングでも、どの場所を打つかによって打球にかかる回転が変わります。だから、ボールの打つ場所を狙い分けるというのです。

学生野球でそこまで狙える選手は珍しいでしょうが、さまざまな打球が飛んでくることは変わりません。逆に言えば、規則的な回転の打球が飛んでくるとは限らないのです。ゴロがイレギュラーバウンドするのはグラウンドの凹凸などに要因がある場合もあれば、そもそも打球の回転により、地面と接地した際に不規則な方向に弾んでいくことも考えられるわけです。

イレギュラーバウンドのゴロに対応するためには、まずはそう知っておくことです。その上で、スピンアクシスボールでノックを受けてみてください。バットの入射角や、スイングの軌道、ボールを打つ場所により、打球にかかる回転の違いを視覚的に捉えることができます。そうしたイメージを持っておくだけでも、実戦での対応が変わってくるはずです。

ゴロは“真っ直ぐ”転がってくるわけではない

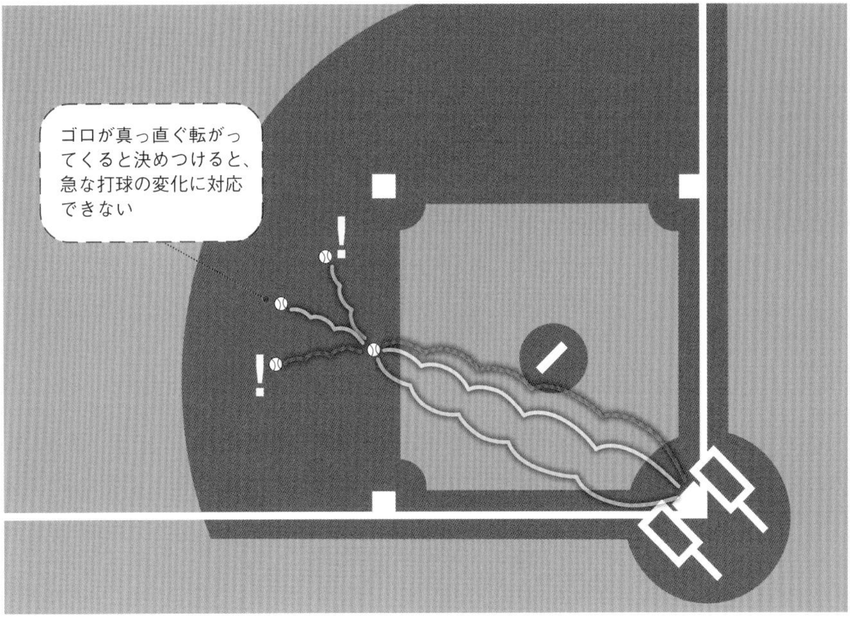
ゴロが真っ直ぐ転がってくると決めつけると、急な打球の変化に対応できない

練習法

スピンアクシスボールを使ったノック

ノッカーにスピンアクシスボールを打ってもらい、それを捕球する。ボールをよく見ると回転かがかかっているのがわかるはず。慣れてくればボールがどの方向に回転しているか見えてくるので、打球の変化方向も予測しやすくなる

外野手用グローブの扱い方

外野手も正面での捕球だけでなく、逆シングルで捕れるようになると守備範囲がグンと広くなる。そのほうが素早い送球にもつなげやすく、走者の進塁を防ぐことにもつながってくる

▲三塁線を破られた打球をレフトが処理する場合、正面に回り込んで捕球すると時間がかかり、余計な進塁を許す可能性がある。小ぶりのグローブなら回り込まなくても逆シングルで捕球し、踏ん張って素早い送球につなげやすい

▼レフト線の打球を写真のように回り込んで捕ると、逆シングルで真っすぐ向かうより時間的にロスが生まれる。俊足打者にはその間に余計な進塁を許すリスクもあるので、逆シングルでロスなく処理しよう

外野手用グローブ

一般的な外野用グローブより少し小さいサイズがトレンド。軽い分だけ操作性が高く、逆シングルキャッチもしやすい

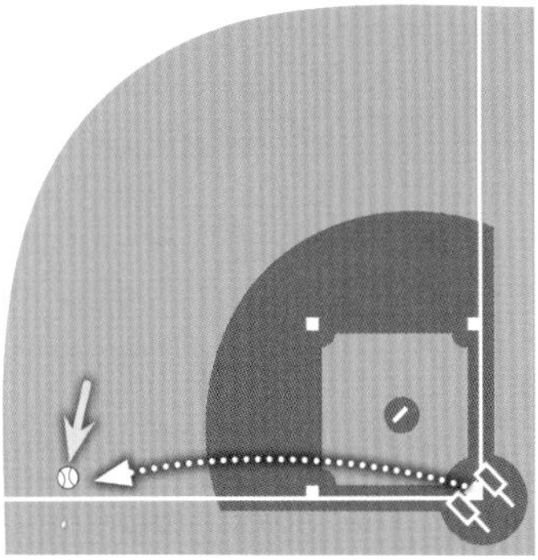

外野手用グローブ

一般的な縦長の外野手用グローブだと操作性が低く、回り込んで確実に捕らなければいけない

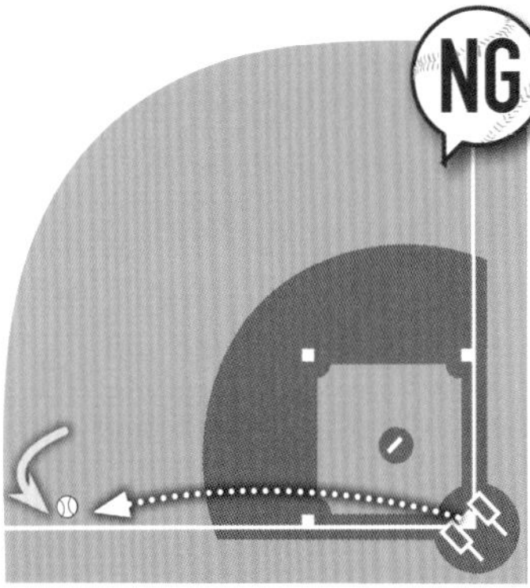

フレーミングとは何か？

ストライクゾーンに来た球をストライクと判定してもらう捕球技術

近年、捕手の「フレーミング」というキャッチング技術がよく語られるようになりました。英語では「Ｆｒａｍｉｎｇ」と表記され、「Ｆｒａｍｅ（形づくる）」の現在分詞です。この言葉が示すように、ストライクとボールの境界線付近の球を「ストライク」と判定してもらえるような捕球技術と考えている人が多いのではないでしょうか。

じつは、フレーミングに明確な定義はありません。アメリカのメディアでも、「フレーミングとは何か」と議論されてきました。

プロ野球中継を見ていると、解説者が「ストライクでもボールでも、どっちでもいい球ですね」と言うことがあります。でも厳密に言えば、ストライクゾーンは公認野球規則で明確に定められています。

「打者の肩の上部とユニホームのズボンの上部との中間点に引いた水平のラインを上限とし、ひざ頭の下部のラインを下限とする本塁上の空間をいう。このストライクゾーンは打者が投球を打つための姿勢で決定されるべきである」

つまり、ストライクゾーンは打者の身長や構え方によっても変わります。それを踏まえた上で、〝枠〟の中に入ったか否かを球審が判定します。
球審の立場からすると、ストライクゾーンは決められている一方、〝きわどいボール〟は確かに存在します。そう考えると、フレーミングとは「ストライクゾーンに来た球を確実にストライクと判定してもらう捕球技術」だと私は考えています。
ただし、ストライクゾーンには誰にもわかるような〝線〟が描かれているわけではありません。プロ野球では１４５km／h以上の球が頻繁に投じられ、アンパイアは瞬時の判定を求められます。果たしてストライクか、ボールか、見極めるのは容易なことではありません。
英語では「ボーダーライン」という表現が使われますが、捕手によって〝きわどい〟ボールをストライクと判定してもらえるかどうか、違いが結構あることがわかっています。
メジャーリーグが運営するデータサイト「ベースボール・サーバント」では、ストライクゾーン周辺のボールゾーンをどれくらい「ストライク」と判定されたかというデータが公表されていま

2022年メジャーリーグにおける捕手別ストライク率
（低めのボールゾーンの場合）

順位	選手名	球団	ストライク率
1	オースティン・バーンズ	ドジャース	67.1%
2	ホセ・トレビーノ	ヤンキース	62.3%
3	カイル・ヒガシオカ	ヤンキース	59.4%
4	アレハンドロ・カーク	ブルージェイズ	58.5%
5	カル・ローリー	マリナーズ	57.3%
～			
56	ライリー・アダムズ	ナショナルズ	40.8%
57	エリアス・ディアス	ロッキーズ	40.7%
58	ホセ・ヘレーラ	ダイヤモンドバックス	40.6%
59	ルーク・メイリー	ガーディアンズ	38.8%
60	サルバトーレ・ペレス	ロイヤルズ	36.9%

低めのボールゾーンの投球がどれだけストライクと判定されたかの割合を表す

※参考資料／BASEBALL SAVANT（https://baseballsavant.mlb.com/）

す。低めのボールゾーン（ストライクゾーンを９分割し、内角低め、真ん中低め、外角低めの下のゾーン。同サイトでは「Ｚｏｎｅ18」に該当）は球審にとって判定が難しいコースですが、各捕手によって「ストライク」とコールされた確率はかなり異なっています。２０２２年のデータ（前ページの表参照）を見ると、トップはオースティン・バーンズ選手（ロサンゼルス・ドジャース）で67・１％、２位はホセ・トレビーノ選手（ニューヨーク・ヤンキース）で62・３％。下位は60位のサルバドール・ペレス選手（カンザスシティ・ロイヤルズ）で36・９％。

変化球の軌道を想像してもらうと、低めのボールゾーンは特に捕球技術を求められることがわかると思います。例えばフォークもスライダーも、低めに落ちていくような軌道を描きます。これらを下から上に拾い上げるように捕球するのか、上から下にかぶせるように捕るのか。後者の場合、もし低めのストライクゾーンに来ても、球審には「ボール」に見えてしまうかもしれません。逆に拾い上げるように低めのボールゾーンの球を捕れば、「ストライク」と判定されることもあります。捕手がミットをどのように使うかは、球審が判定する上で大きな影響を及ぼしているわけです。

ちなみに、捕球した後にミットを動かすのはＮＧです。球審を欺く行為と受け止められるリスクがあり、もしストライクゾーンに来ていても「ボール」と判定される可能性が少なくないでしょう。フレーミングとは、あくまで一連の動作の中で行う捕球技術です。変化球の軌道を思い描き、終着点の少し外からミットを内側のストライクゾーンに動かしながら捕球するという技術です。一連の捕球動作なので、球審を欺いているわけではありません。

ちなみに前述したバーンズ選手はフレーミングに定評があり、２０２３年のワールド・ベースボール・クラシック（ＷＢＣ）にメキシコ代表として出場しました。一方、ペレス選手は２０２１年のア・リーグ本塁打王です。

捕手には「リード」「肩の強さ」「ブロッキング」「打撃」など評価軸がいくつかあるなか、近年は「フレーミング」もその一つと見られるようになりました。際どいボールをストライクと判定されるか、ボールとなるかは試合の行方を左右しかねないもので、フレーミングは捕手にとって重要な技術と考えられているのです。

フレーミング実例

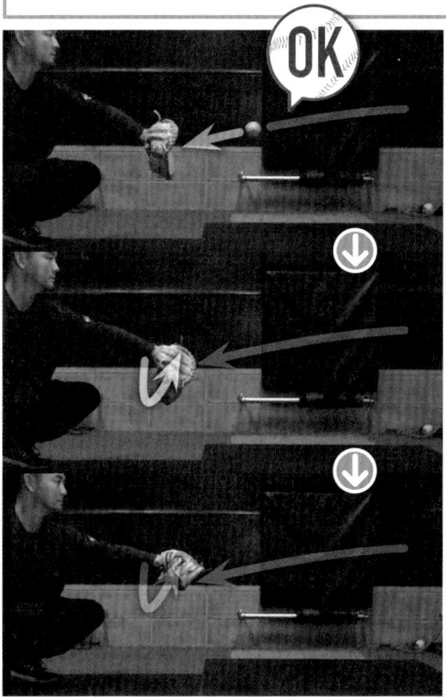

ボールの終着点にミットが先回りし一連の捕球動作の中でミットをストライクゾーンに動かす

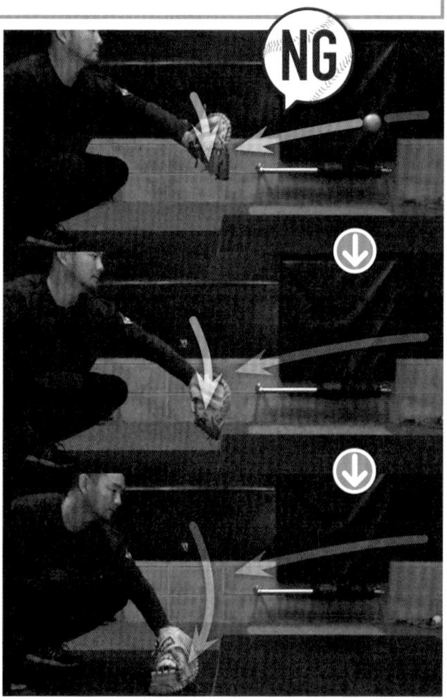

ボールの終着点に対してミットが「追いかける」形になり、捕球後もミットが流れてしまう

正しい構え方【キャッチャー】

近年「フレーミング」という捕球技術の重要性が注目されるなか、大事なのは捕手の構え方と捕球方法だ。きわどいボールを捕球技術で「ストライク」と言ってもらえるように、基本動作から養おう

両膝を浮かせる

足首が柔らかい人の場合、両膝を浮かせて構えたほうが左右どちらに落ちていく変化球にも対応しやすい。キャッチャーミットは低めに構えよう。フレーミングをするのは基本的に低めのコースで、高めをそのように捕る機会は少ないからだ

POINT

母趾球と小趾球に重心を乗せて、かかとを浮かせて構える。この姿勢だと、ワンバウンドするボールにも素早く対応しやすい。膝を開きすぎるととっさに動きにくいので、適度に開いて構えよう

重心を置く位置

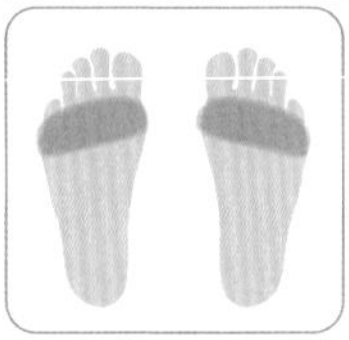

片膝をつく

POINT

片膝をつく場合、右投手のスライダー、左投手のチェンジアップ、スプリットなど体の右側に変化するボールが苦手なら右膝を、逆に左投手のスライダーなど体の左側に変化するボールが苦手なら左膝をつくなど、自分の“苦手”な球種・軌道によってどちらの膝をつくかを判断しよう

膝は左右のどちらを着くのでもいい。自分にとって構えやすい形を探そう。足首が硬い人が両膝を浮かせて構えると、つま先体重やかかと体重になりやすい。それでは手首が寝やすかったり、ワンバウンドのボールに素早く対応できなかったりするのでNG。片膝を着いて構えよう

足首が硬いと重心が後ろにいきやすく、普通に構えても手首が立ってフレーミングがしにくくなる。その場合は片側の膝を着くのも一手。ただしワンバウンドするボールへの対応が課題になるので、理想は足首を柔らかくして両膝を浮かせて構えられるようになること

手首が立つ、寝る

フレーミングのポイントは低めのボールをうまく捕球して「ストライク」としっかり判定してもらうこと。そうしたキャッチングをできるかどうかは、構える際に手首が立っているかがカギになる

手首が立つ

変化球は基本的に上から下に落ちてくる軌道。ミットを構える際に手首が立っていれば、低めのボールを拾い上げて「ストライク」と判定してもらいやすい

重心を置く位置

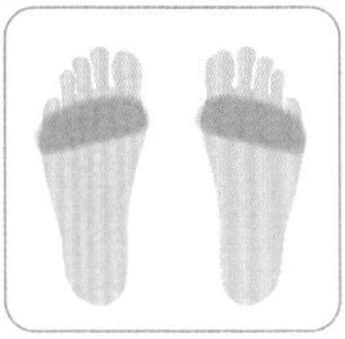

手首が寝る

ミットを構えたときに重心がかかとに乗ると手首が寝てしまい、低めのボールは上からかぶせるような捕球になる。それでは「ボール」と判定されてしまうので、手首を立てて構えよう

NG 重心の位置

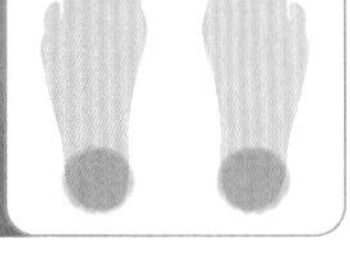

NG 重心の位置

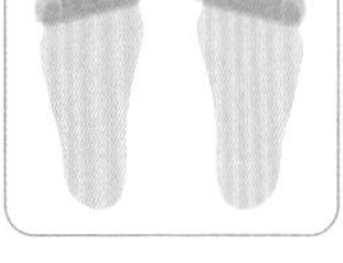

キャッチャーミットの動かし方

きわどいコースのボールに対して球威に押されずしっかり捕球するためには、手だけを動かして捕るのではなく、胸郭をうまく使うことがポイント。それがフレーミングを行うための基本技術

ミットに入れた親指のラインは地面と常に平行にしておき、投球のコースに応じて胸郭を動かして捕球する。胸郭を動かすことで、肩や腕が動くようなイメージ

親指が上を向くと、ミットが上を向いてしまうのでフレーミングはできなくなる。肘を支点にミットを動かすと、発揮できる力が弱いので球威に負けてミットが動いてしまう可能性も

フレーミングドリル

ボールを投げてもらってフレーミングのやり方を身につけていく。肩や肘だけではなく、胸郭を動かして捕球することが重要。一連の動きで捕球できれば「ストライク」と判定してもらいやすくなる

基本の動き

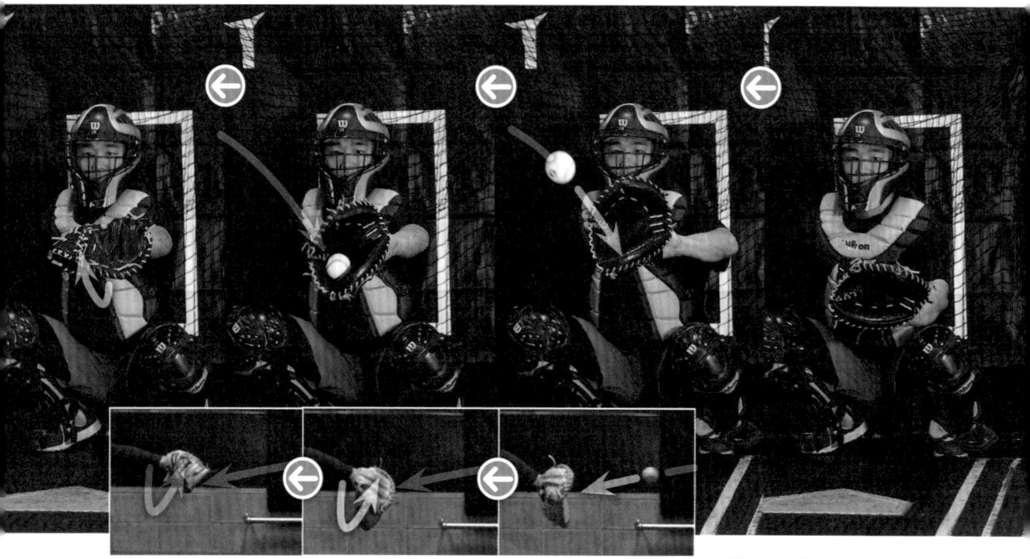

捕ってからミットを動かすと「ボール」と判定されるのでNG。ボールの終着点をイメージし、ミットをその少し先からストライクゾーンへと一連の動きで捕球すれば「ストライク」と判定してもらいやすい。そのためには胸郭が動くことが重要

POINT

低めの変化球を拾い上げるようにフレーミングできれば「ストライク」と言ってもらいやすい。脚立の上など高い位置から投げてもらい、手首を立てて低めの変化球をうまく捕球できるように練習しよう。足が硬くてミットが立たなければ、最初から膝を着いて捕球するのもOK

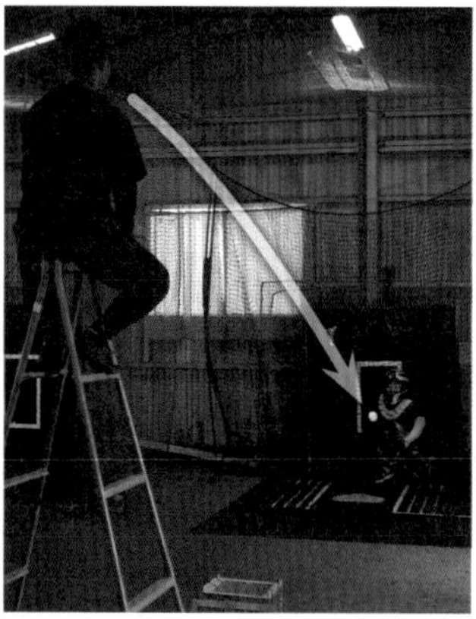

POINT ボールの軌道と終着点をイメージする

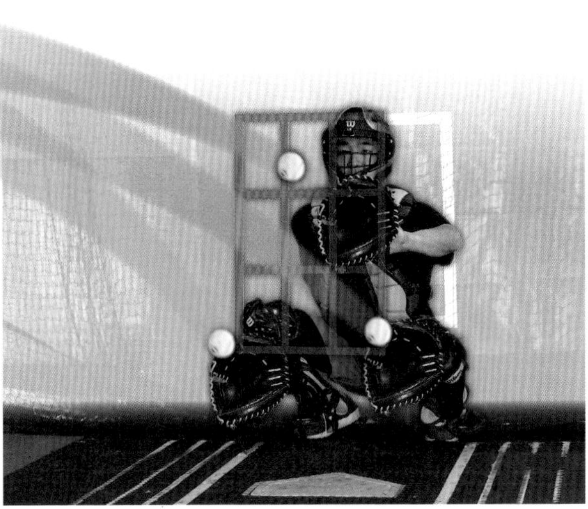

球種ごとにボールの軌道は変わるので、リリースされてから捕手のミットに収まるまで、どうやってボールが飛んでくるかをイメージできるように。終着点の少し先に構え、ストライクゾーンの方向へフレーミングしていく

各コースで練習する

ストライクゾーンを4分割し、内角高め・低め、外角高め・低めのすべてのコースでフレーミングをできるように練習しよう。胸郭をうまく使い、難度が高い右打者の内角高めもうまく捕れるように

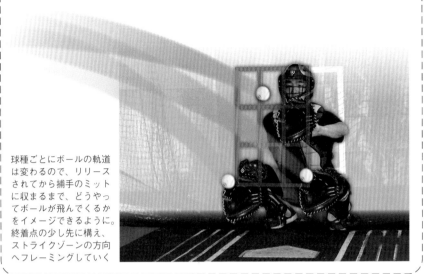

ブロッキングドリル

低めに落ちる変化球を体で前に落とせば、走者に進塁を許す可能性は低い。ブロッキングは捕手に必要不可欠な技術。ボールを大きく弾かないように、体をうまく入れられるようになろう

ミットを動かす一方で、素手の右手はミットの後ろに入れよう。特に指は折れやすいので、ボールが直接当たらないように注意。ブロッキングで捕るときには、右手が手首ごと隠れているようなイメージ

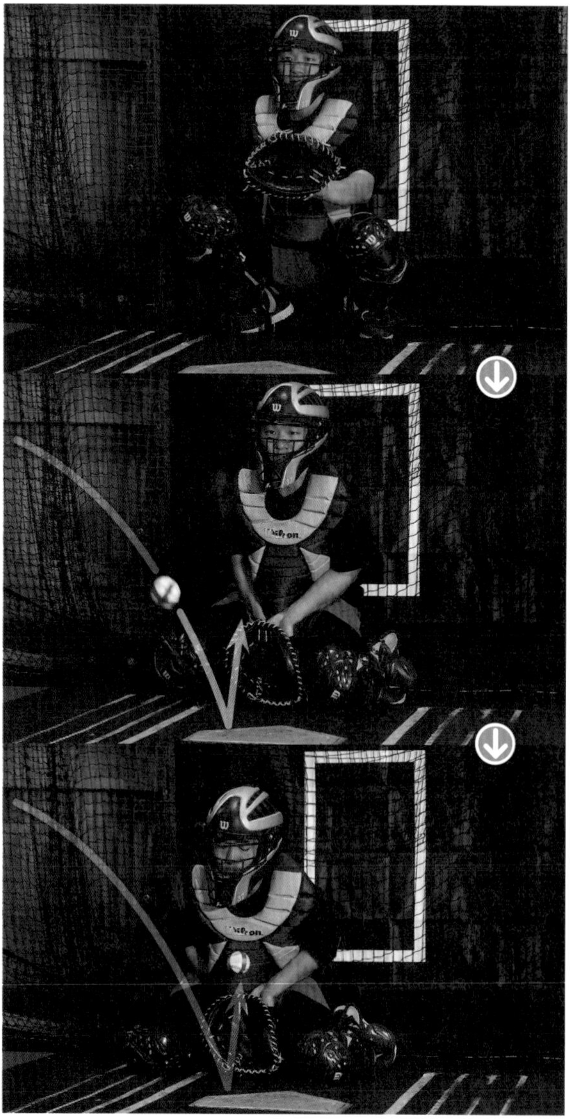

重心を置く位置

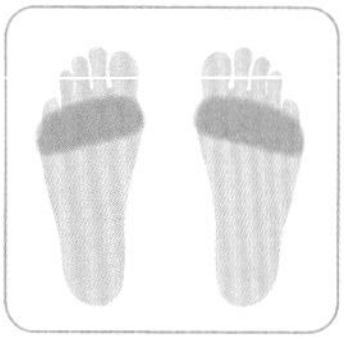

各コースで練習する

ボールを大きく弾かないためには、軌道に合わせて体を入れることがポイント。各球種の入射角と反射角をイメージできていると、軌道に体をうまく入れられる。各コースや球種をイメージして練習しておこう

POINT 重心位置を意識する

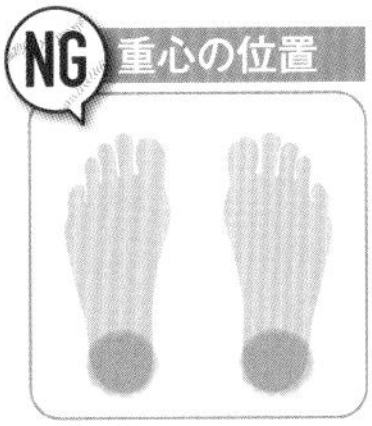

かかと体重では前に出にくく、指先体重だとスムーズに動けない。母趾球と小趾球に重心を置き、すぐに動きやすい体勢にしておくことがブロッキングをうまくするためには非常に重要

スライディングキャッチ

走っても追いつけなさそうな打球だが、スライディングすれば捕れる場合もある。「球際の強さ」は打球判断と、スライディングキャッチの動き方がともに必要。練習して感覚を養っていこう

内野ゴロ

▲セカンドが二遊間を抜けそうなゴロをさばく場合、正面に回り込むと時間がかかる。スライディングして逆シングルで捕球したほうが早く送球できる。動きながらうまく切り返せば、一連の流れで送球できる。ポイントは重心位置になるので、本書で紹介するドリルで磨いておこう

外野フライ

ITEM

「スラサポ」というスライディングサポーターをザナックス社と共同開発。スライディングが苦手な人でも、ケガやかすり傷の心配をせずに練習できる

▼外野守備でも前に落ちそうな打球を処理する場合、スライディングすると追いつけることがある。シングルキャッチだけだと対応できる範囲が狭くなるが、逆シングルも使えるとグッと広くなる

片膝をついた構えからの二塁送球

P84「正しい構えかた【キャッチャー】」で片膝をつく構えもOKと書きましたが、一般的にランナーが出た場合は、二塁送球に備えて両膝をつかずに構えるのが良しとされています。しかし、近年メジャーリーグでは走者が出ても片膝をついたまま構え、そこから二塁送球をするキャッチャーが増えてきました。膝をつかずに構えたほうが送球はスムーズかもしれませんが、低めの捕球やブロッキングに不安がある場合はパスボールのリスクも生まれます。

もちろん、膝をついた状態から送球するにはそれなりの“肩の強さ”は必要になってきますが、たとえば「肩には自信があるけど、低めの捕球やブロッキングが不安」というキャッチャーがいた場合、走者が出ても構えを変えないのも選択肢のひとつです。野球界の常識は年々、変化しています。今後は日本のプロ野球や高校野球でも「片膝をついた構えからの二塁送球」が当たり前になるかもしれません。

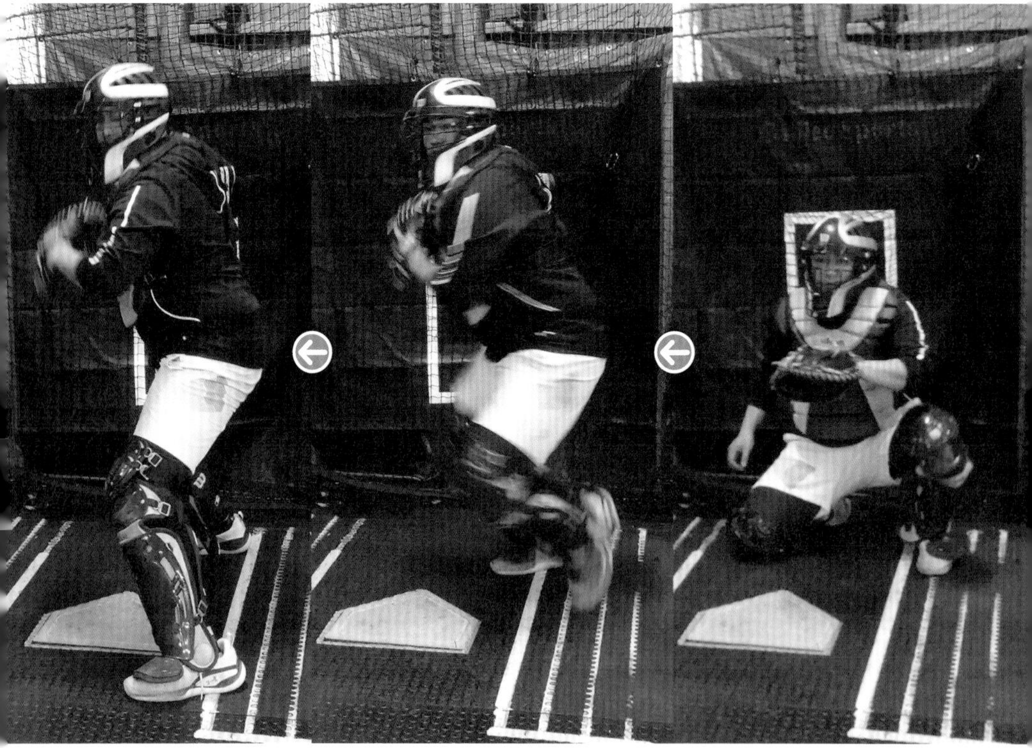

PART 2

走塁

より理解度を高めたいなら
コチラの動画もチェック！

構え→スタート

動きやすい重心位置で構えて、スムーズなスタートを切れるようにすることが好走塁の第一歩。右足と左足の使いやすいほうをうまく使い、「0.1秒」縮めて次の塁を陥れよう

「しっかり構えろ」と言われた場合、どうしても足のつま先に重心が行きやすい。それでは前に出にくくなるので、母趾球と小趾球に重心を置いて構えよう。胸を張りすぎず、リラックスした姿勢でリードをとる

重心を置く位置

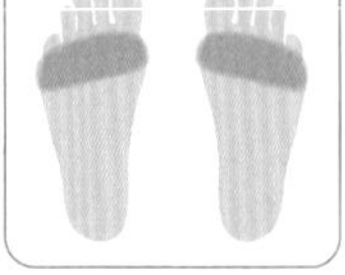

低く構えすぎると重心位置が変わり、走り出したときに前に行きすぎてしまうので注意。リラックした姿勢で構え、得意な足をうまく使ってスタートを切る。前傾になって加速していこう

構え→スタート

構え→スタートのNG例

かかとに重心が乗りすぎ　NG

NG 重心の位置

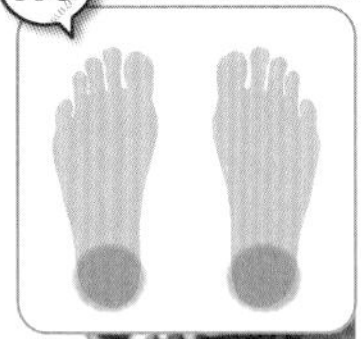

かかと体重になると重心が後ろに行き、素早くスタートを切れない。走り出してもドシドシとした動きになり、スピードに乗れない。写真のように膝に手を着くと、かかと重心になりやすいのでNG

つま先に重心が乗りすぎ

NG

NG 重心の位置

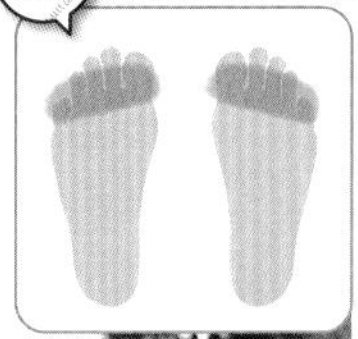

低く構えすぎると、つま先に重心が乗りやすい。その姿勢でスタートを切ると頭が前に突っ込んでしまい、うまくスピードに乗れなくなる。写真のように頭が前に出ると、つま先体重になりやすいので注意

走塁時のスタート足

右足と左足、自分にとって使いやすい側の足をうまく使って素早いスタートを切ろう。どちらの足を“きっかけ”にしたほうが、動作を起こしやすいかということだ。それが「0.1秒」の差になる

右足を引いてスタート

パフォーマンスラインで右足のほうが使いやすい人は、写真中央のように最初の動作として右足を引き（＝右足を動作のきっかけにする)、左足で地面を押してスタートしてもいい

右足を浮かせて左足でスタート

パフォーマンスラインで右足のほうが使いやすい人は、得意な右足を浮かせて動作を始め（＝右足を動作のきっかけにする)、左足で地面を押して加速に乗るというスタートの切り方もある

※どのタイプのスタートが自分に合っているかはP28パフォーマンスラインでチェックしてください

左足きっかけでスタート

パフォーマンスラインで左足のほうが使いやすい人は、左足で地面を押すようにしてスタートを切ったほうが動きやすい。その勢いのまま左足を前に持っていき、走り出しで加速を得よう

右足からスタート

パフォーマンスラインで右足のほうが使いやすい人は、写真中央のように右足をきっかけとしてスタートを切ったほうが動きやすい。走りながら体重を前に乗せて、うまく加速していこう

帰塁

盗塁のスタートとは逆方向の動き方になる帰塁でも、得意な側の足をうまく使って素早く動けるようになろう。必ずしも盗塁と同じように動き出す必要はなく、自分の得意な足を“きっかけ”としてうまく使うことがポイントになる

左足を引いて帰塁

パフォーマンスラインで左足のほうが使いやすい人は、写真中央のように左足を引いて動作の“きっかけ”として、右足で地面を押して帰塁するという方法もある

左足を浮かせて右足から帰塁

パフォーマンスラインで左足のほうが使いやすい人は、写真中央のように左足を浮かせて動作の“きっかけ”として、右足で地面を押して帰塁しよう。瞬時の反応につなげやすい

右足きっかけで帰塁

パフォーマンスラインで右足のほうが使いやすい人は、右足で地面を押すようにして一塁へ戻る。得意な右足を“きっかけ”としたほうがスムーズな動きにつなげやすい

左足きっかけで帰塁

パフォーマンスラインで左足のほうが使いやすい人は、左足で地面を押すようにして一塁へ戻る。得意な左足を“きっかけ”としてうまく使い、素早く一塁に戻ろう

足のアーチエクササイズ

走塁時にうまく弾んでリズム良く動くためには、足の裏にアーチがしっかりできていることが大事。指に重心を乗せて立っていると指が固まってしまい、アーチも低下して動きにくくなる。エクササイズで機能を高めよう

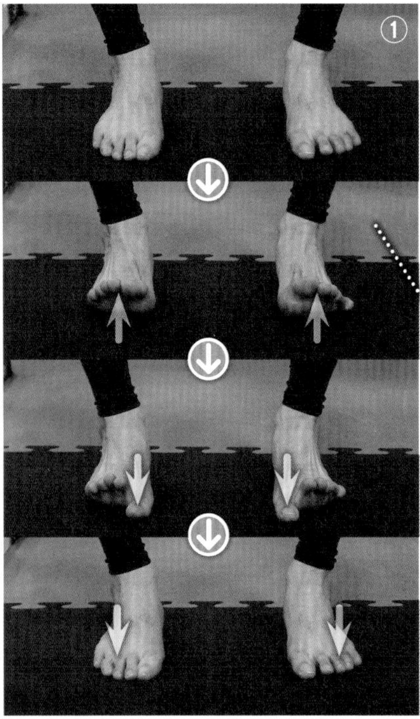

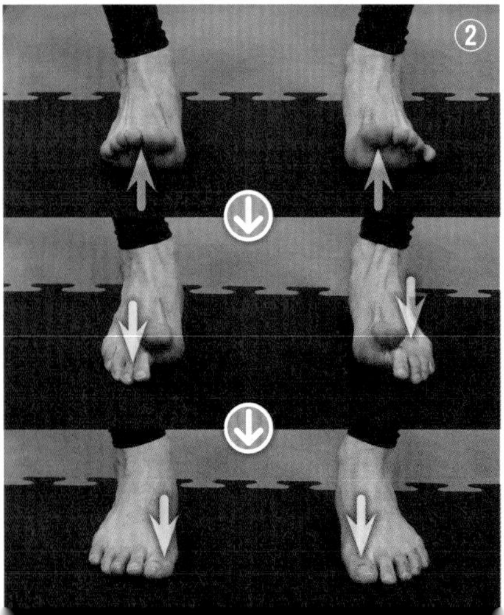

①まずは足の指先全体を上げて、そこから親指だけ下ろしていく

②次は足の指先全体を上げて、親指を残してそれ以外の指を下ろしていく

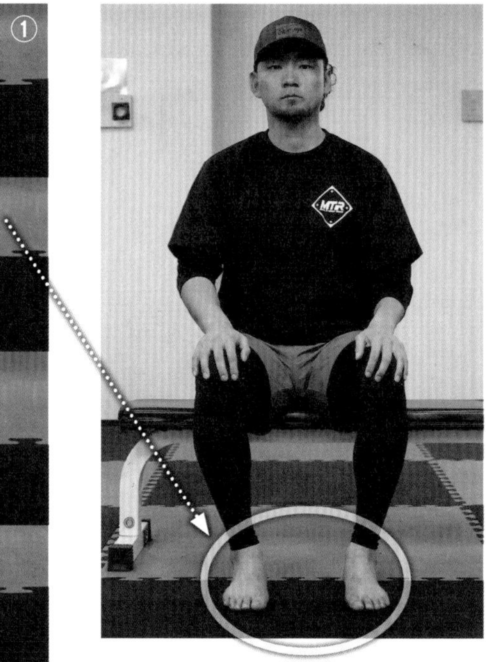

一定の高さがある椅子や台などに座って行おう。ウォーミングアップに取り入れてもいい

※足のアーチについてはまずP22機能低下チェックを参照してください

バーをつかみながら指先に体重を乗せて、かかとを上げていく。できれば90度まで行けるように

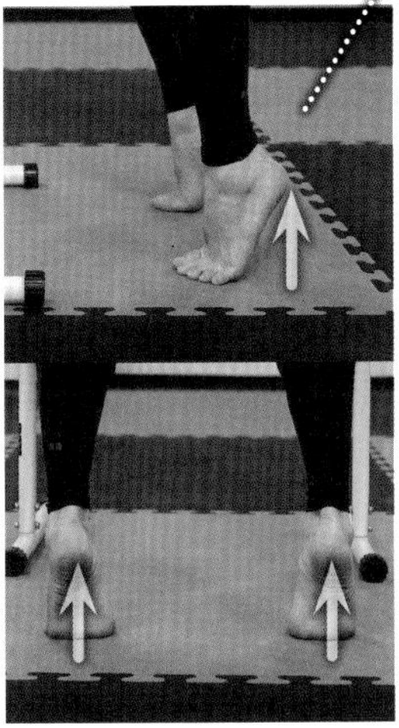

指先にしっかり体重を乗せて、かかとを上げていこう。アーチは曲がっている状態に

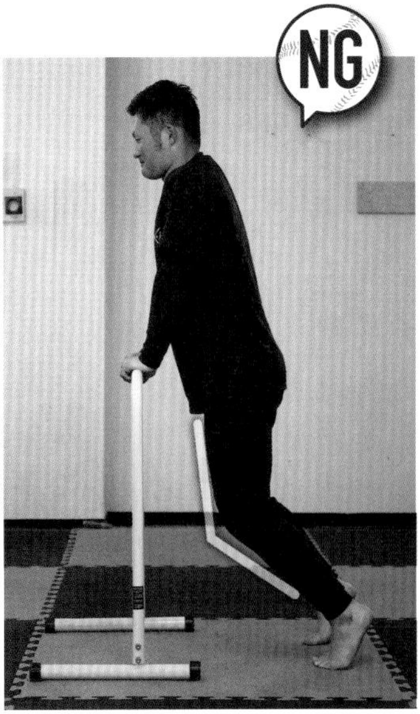

アーチ機能が低下している人が行うと、かかとを上げるのではなく、バーに寄りかかって反っているだけのような動作になる。膝を曲げるのはNG

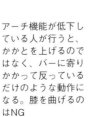

足のアーチエクササイズ

P105のエクササイズを片足で行う。片足で体重を支える分、難度は高くなる。指先にしっかり体重を乗せて、かかとを上げていこう。アーチがしっかりつくられた状態でこの動作をできるように

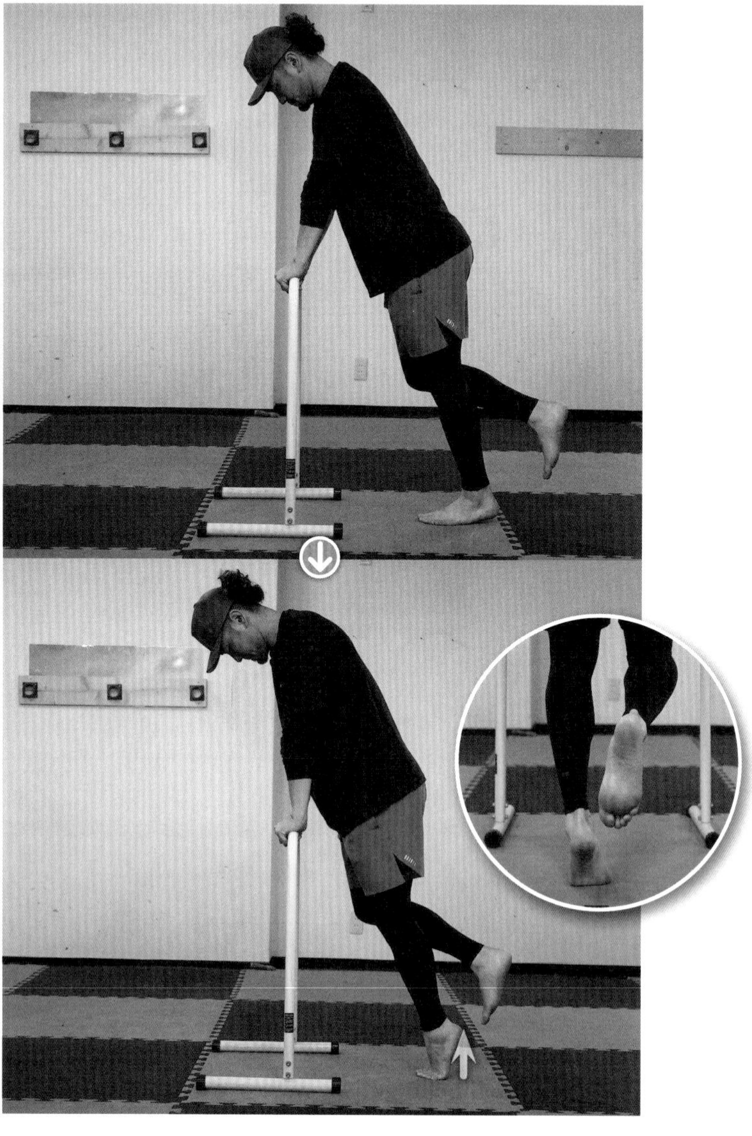

左足で行ったら、次は右足で実施。両足で行うバージョンより難度は上がるが、野球で走る場合、このエクササイズ以上の負荷が足にかかる。速く走れるようになるためにも、アーチの機能をしっかり改善しておこう

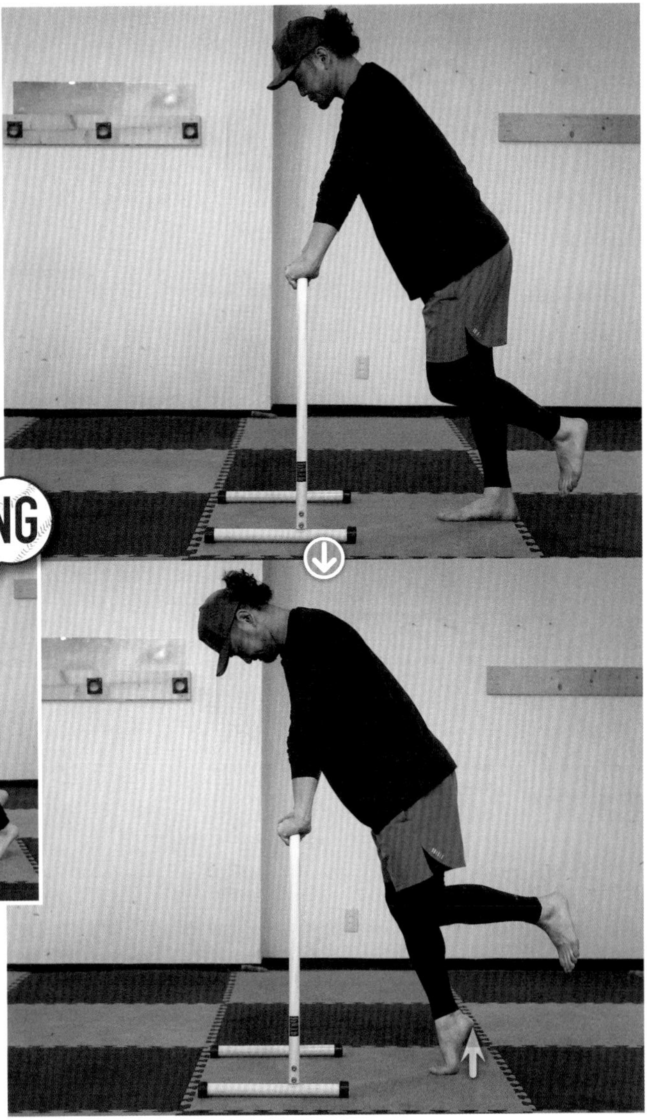

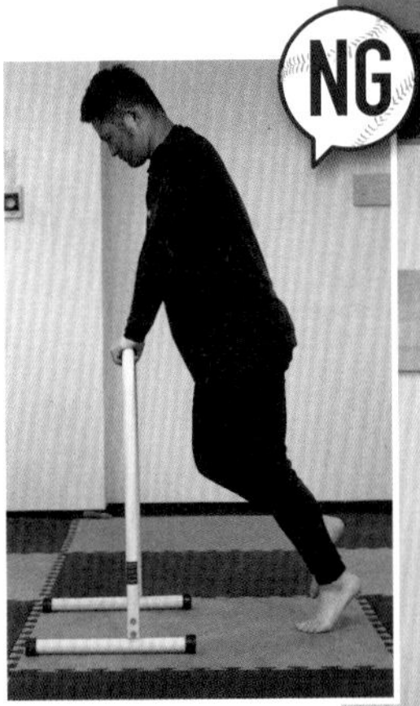

アーチが低い人は、かかとをうまく上げることができない。アーチが動かないからだ。写真のように膝を曲げると代償動作になるのでNG

足のアーチエクササイズ

P105のように足の指先に体重を乗せて、かかとを上げていく。その状態からスクワット。ポイントはかかとを落とさず、アーチがつくられた状態のまま行うこと。スクワットをした後、伸ばしていくときにもアーチが保たれているように

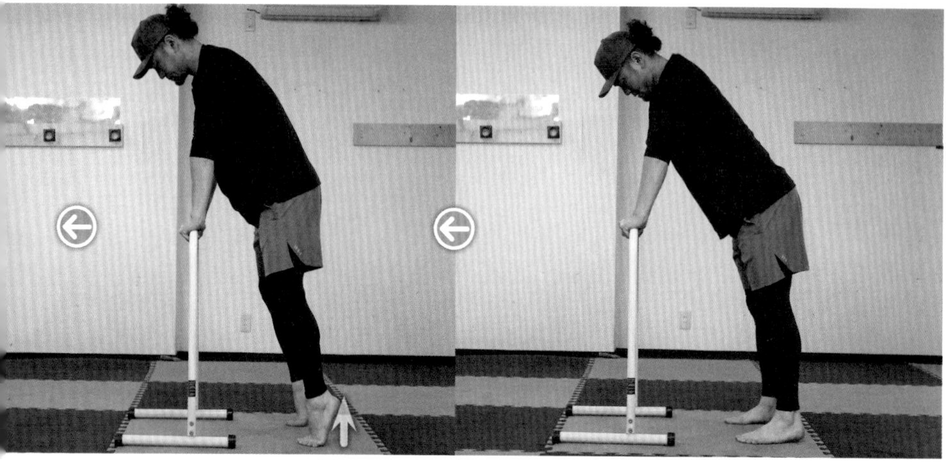

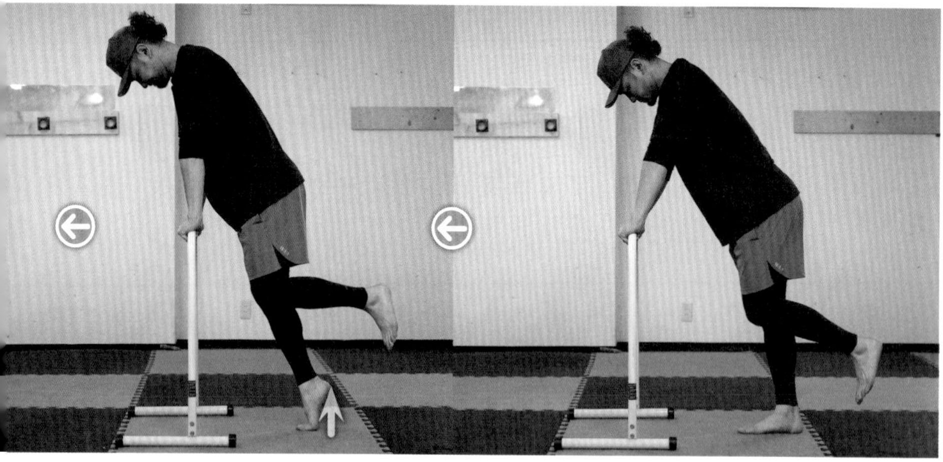

写真上のエクササイズを片足で行う。難度が高いので、うまくできない人は補助してもらおう。走るときには前への推進力を発揮したいので、写真3つ目のようなイメージで行えるように

スクワットをする際、アーチが真っすぐになるのはNG。膝を曲げているため、代償操作になっている

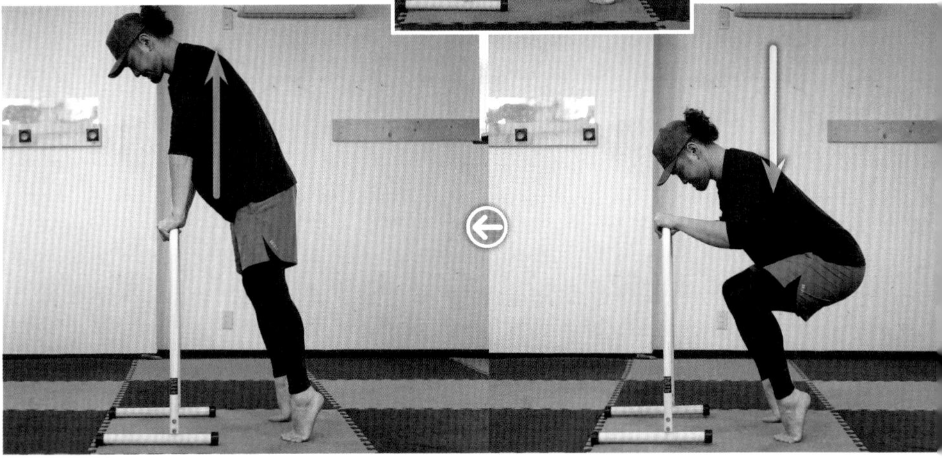

スクワットをする際、かかとを下げるのはNG。アーチが真っすぐになり、足で支えられなくなっている。自分の体重を支え切れずに右足がひねられた状態になっており、これでは走る際に前への推進力を発揮できない

シューズの選び方

膝がブレたり、足運びに違和感があるなら靴やスパイクを見直してみよう

22ページに掲載したランジチェックがうまくできなかった場合、普段履いている「靴」や「スパイク」が合っていないことが考えられます。実際、私のジムで自主トレを行なっているプロ野球選手でも、そうしたケースがよくあります。

「ピッチングでどうしてもコントロールが思うようにできません。動きのなかで膝がブレるんですよね」

ある投手がそう話していたので、足の指先を見てみると「外反母趾」になっていました。足の親指（母趾）が小指側に曲がり、「く」の字のように変形している状態のことです（右足の場合）。親指が通常より内側に入っているので、足の下側から膝が内側に引っ張られてしまうわけです。本来、足が内側に行かないように親指が止めてくれているのに、外反母趾の人が走ったりボックスジャンプをしたりすると、膝が内側に入って動作の邪魔をしてしまいます。この投手が思うようにコントロールできないのも、外反母趾によって膝が内側に引っ張られていることが一因だと考えられます。

逆に、足の小指（小趾）が親指側に曲がり、逆「く」の字のように変形している状態（右足の場合。左足なら「く」の字になる）を「内反小趾」と言います。小指が通常より内側に入ると、力が外側に逃げやすくなります。つまり、足が地面からめくれてしまうために、「外旋を効かせる」という動きがしにくくなります。そのため、ピッチングなどで「膝が外に割れる」と言われるような動きになるケースがあるのです。

足先が広いスパイクは〝安定する〟と感じるはず

前述のプロ野球選手に足先が広いスパイクを履いてもらうと、「すごく安定します」と言いました。それまで履いていたスパイクは足先が細く、親指や小指が内側に引っ張られて、膝の動きも悪影響を受けていたのです。足先が広いスパイクに履き替えたことで〝邪魔〟をする要因が除外され、自分の思うような動きがしやすくなった結果、コントロールも改善されました。

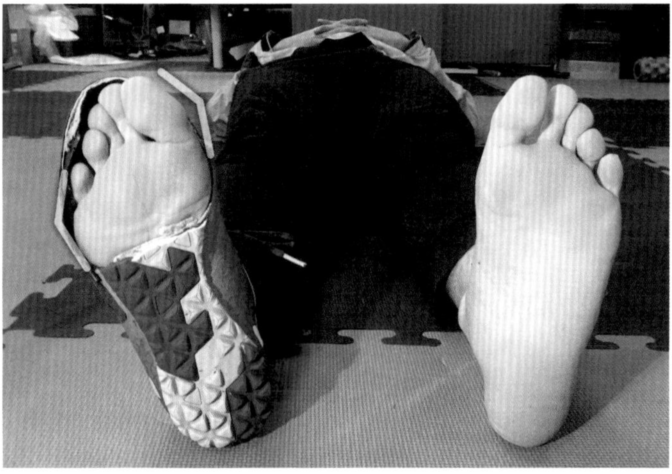

写真右足のように足先が細い靴を履くと、どうしても外反母趾、内反小趾になりやすい

昨今、プロ野球選手がこうした点に敏感になっていると思われるのが、ニューバランス社のスパイクを履く選手が増えていることです。つま先が広く設計されているので、指が伸ばしやすく、同時に広げやすいからだと考えられます。そうしたスパイクは自然（素足）の状態に近いから「履き心地がいい」と感じるのでしょう。動きやすいということは、ピッチングや走塁時などの安定感にもつながっていきます。

また、徐々に増えているのが足袋スパイクです。岡本製甲というメーカーなどが発売していて、足先が広い設計になっているので「動きやすい」と感じる選手が多いのだと思います。

試合中に履くスパイクや、アップの際に使用するシューズはそれくらい重要なツールで

ニューバランス社製のシューズやスパイクは比較的足先が広くつくられているため、膝がブレる選手などにはおすすめ

足先の広さや動きやすさから近年、使用する選手も増えている足袋スパイク。足先が足袋のように分かれているため外反母趾のリスクも少ない

す。しかし、「カッコいいから」などと何となく選んでいる選手も少なくありません。それで問題なければいいですが、動きの邪魔になるとパフォーマンスの低下を招く可能性もあります。自分が理想的な動きをできているのか、正しく認識するためにも22ページのランジチェックを行なってみてください。

問題があった人にオススメするのが「ユビスラ」という器具の使用です。発泡ゴムの素材でつくられ、足の指先にはさんで使います。外反母趾や内反小趾を修正し、地面をつかむような足指の感覚を得ることができます。足先が広い靴なら、ユビスラを着用して履くことも可能です（足先が狭い靴の場合は、ユビスラをカットして調整しましょう）。

アップシューズでオススメしているのが「ゼロシューズ」です。一般的なシューズに

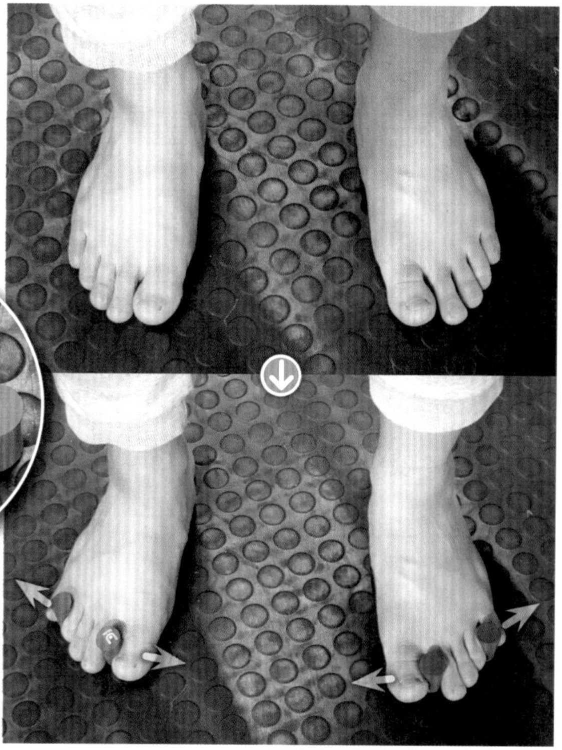

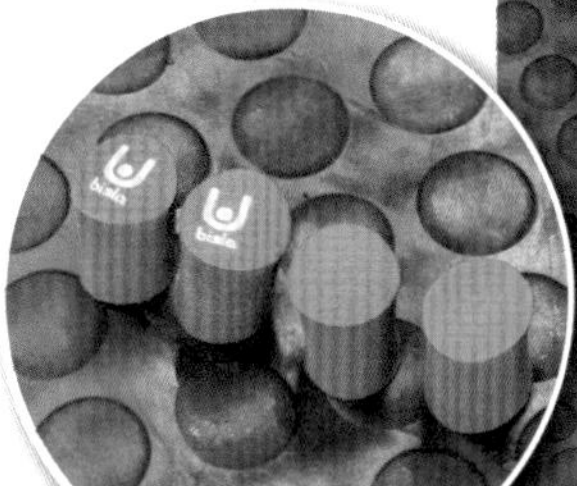

「ユビスラ」を足の指先にはさむことで外反母趾や内反小趾を修正し、地面をつかむような足指の感覚を得ることができる。このままシューズを履いてもOK

はクッションなどの機能が備えられていますが、ゼロシューズは極力「素足」に近づくように設計されていることが特徴です。足の自然な動きを妨げず、足先もゆとりを持ったつくりになっています。ユビスラを着用したまま履くこともできます。

近年はそのほかのメーカーでも、足先を広く設計されたシューズも発売されています。購入時の目安として、靴を履いてランジチェックや片足のランジスクワットのチェックをしてみてください。明らかに不安定なら、靴が合っていない可能性も考えられます。自分に合ったものを探し出してください。

試合が近くて新しいスパイクを買いに行く時間がない場合、例えば先端の紐を緩く絞めたり、内側の皮革をオイルやクリームで柔らかくしたりして、少しでも広げてみるといいでしょう。少しでも工夫をすることにより、動きやすさが変わってくると思います。

足先の広げやすさは、走塁や守備、投球などの動きやすさに大きく関わってきます。先が細いスパイクを履くと、足先に無駄な力が入り、動きの邪魔になってしまいます。つまり、走塁

素足に近い感覚で足の自然な動きを妨げない設計になっている「ゼロシューズ」。足先も広いのでユビスラを装着したままでも履ける

で足を一歩踏み出すごとにロスが生まれているので、1プレー、1試合のトータルでは大きなロスになっていきます。そうした「0・1秒」の積み重ねが、大きな違いになっていくわけです。スパイクやシューズの選択は大きな違いを生むので、ぜひ、自分の足元にも目を向けてください。

ランニングドリル

前傾の姿勢をうまくとり、足で地面を押すイメージをつかもう。それが前への推進力となり、速く走ることができるようになる。お腹の力をうまく使うと、より強いパワーを発揮できる

壁に両手を着き、前傾で足を交互に高く上げていく。体重はつま先に乗せる。お腹の力を使い、太腿を大きく上げることがポイント。走っているイメージで行おう。足で踏ん張るのではなく、前傾をうまくつくって実施

壁に両手を着き、片足を引いてランジのような体勢で前傾に。前足のかかとは浮かせておく。後ろ足の太腿を前に持っていき、つま先で着地。その動きをジャンプするような感じで、交互の足で素早く繰り返す。ただしホッピングをするのではなく、前傾の姿勢をとりながら、足で地面を押して推進力を得ることがポイント。後ろ足がかかと着地になると、肉離れの可能性があるので注意

ホッピングドリル

理想的な重心位置をとれているかの確認ができるドリル。つま先体重やかかと体重ではなく、母趾球と小趾球に重心を置いてうまく弾みながら軽やかに跳んでいこう

重心を置く位置

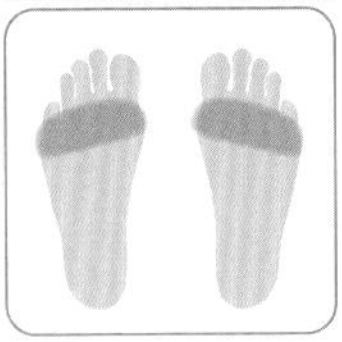

配置図

ハードルを約60cmごとに均一の幅で並べる。ハードルではなく、ラダーを利用したり、石灰などで白線を引いたりしてもいい。ハードルを気にしてうまく跳べない場合、目安として設置し、何もない横のスペースで行おう

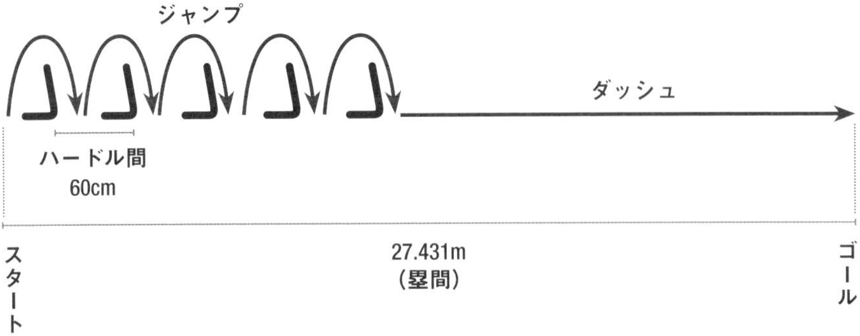

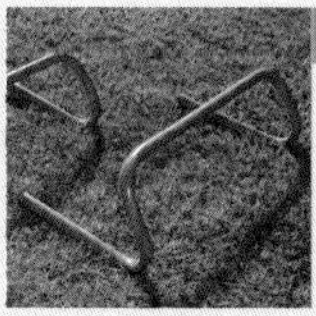

ITEM

トレーニング用の「ミニハードル」は耐久性に優れ、持ち運びも便利。ネット通販などで購入できる

母趾球と小趾球に重心を置いて、前にジャンプしてハードルを飛んでいく。跳ね返る際にうまく弾み、地面の力を前への推進力に変えよう。すべてのハードルを跳び終えたら、そのままの重心位置で前にダッシュしていく

重心がかかと側に乗りすぎていると、うまく跳べずにドシドシした動きになる。跳ね返る際もうまく弾めない。つま先体重では体幹の力を使いにくく、うまく弾みにくい

ハイハードルドリル

高いハードルは理想的な重心位置でないとうまく跳べない。母趾球と小趾球に重心を置いた姿勢からジャンプ。すべてのハードルを跳び終えたら、同じ重心感覚でダッシュしていく。そうして走るときの重心感覚を養う

配置図

ハードルを5本程度、慣れたら10本くらい飛べるように。ハードルの高さは写真では1mだが、レベルに応じて70～80cmなどに変更しよう。できれば120cmを飛べるようになりたい。ハードルではなく、ゴム紐でも可

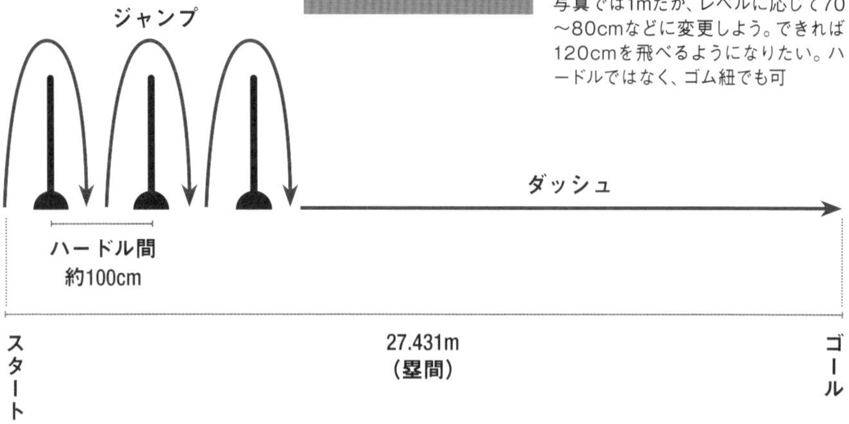

ITEM

クリップの位置を調節することで、高さを変えられるハードル。アジリティトレーニングに便利

ハードルを
飛び越える!

かかと体重や、つま先体重になって頭が前に突っ込むとうまくハードルを飛び越えることができない。母趾球と小趾球に重心を置き、着地した際にうまく弾んで次のハードルを飛び越えよう。すべてのハードルを跳び終えたら、そのままの重心位置でダッシュしていく

ジグザグ走

野球では縦方向に走ることが多いが、瞬時の切り替えなど横方向にうまく動けることも重要。足が「く」の字にならず、うまく斜めに動けるようにトレーニングをしておこう

ポイントはマーカーの位置で切り返す際、足が「く」の字にならずに、力を斜め前に発揮して走っていけるように。膝関節で角度をうまくつくって前に進んでいこう

ITEM

市販のマーカーコーンを使用。屋外で使用する場合、風で飛ばないような素材だと使いやすい

切り返す際に足がずるっと滑ったり、写真のように「く」の字になって踏ん張ったりすると、進みたい方向にうまく行けない。つまり捕球から送球につなげる際など「次」の動作をうまくできなくなる

配置図

横幅は5m。縦は、片側は5mごとにマーカーを置き、逆側には2.5mの位置から5mごとにマーカーを置いてジグザクになるように配置。マーカーを目安に斜めに走っていく

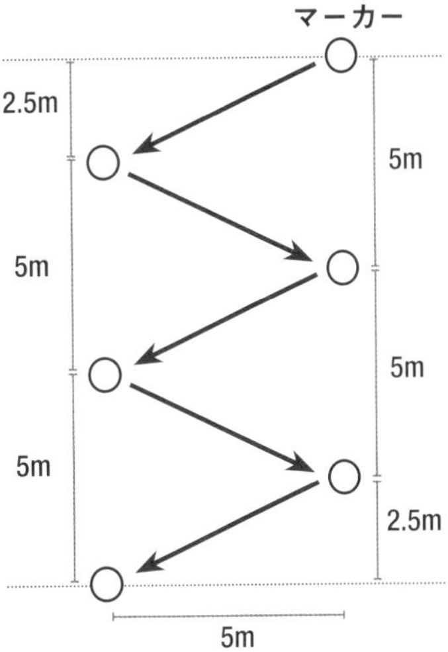

T字走

真っすぐに走るのと、横方向への動き、後ろへのステップを組み合わせたドリル。守備時はボールを追いながら、さまざまな動きが入ってくるので切り返しをスムーズにできるようにしておこう

まずは真っすぐに走り、10m先にあるコーンAにタッチして止まる。母趾球と小趾球に重心を置き、うまく加速しよう

右のコーンBにサイドステップで進んでタッチ。逆側にサイドステップを踏んで左側のコーンCまで行ってタッチする

ITEM

市販のミニコーン。走りながらタッチしやすい程度の高さだとやりやすい。18cm程度

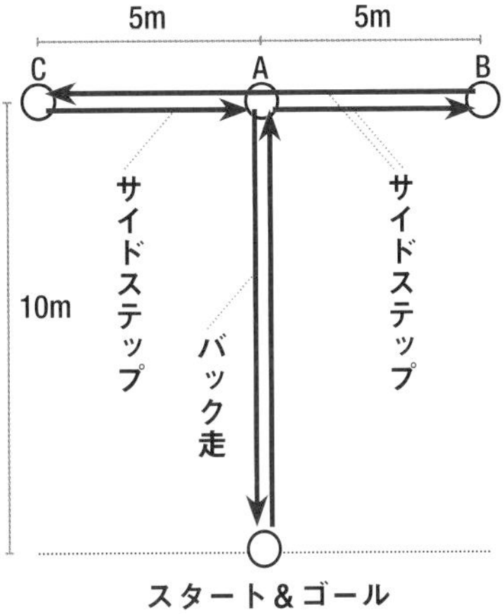

配置図

スタート位置と、10m前方にコーンを設置。両サイドの5mの場所にコーンを置き、T字にコーンを設置しよう

次は真ん中のコーンAまでサイドステップで進み、タッチして止まる。切り返す際に踏ん張って頭が前に行くと、横の動きが遅くなる。母趾球と小趾球に置いた重心位置を意識しよう

真ん中のコーンAにタッチしたら、10m後ろにあるコーンまで後ろのステップを踏んで戻ってくる。野球でも後ろに動くことはたまにあるので、普段から行っておこう

マーカー走

前ページまでのラン系のドリルで行った動きを、直線のダッシュでも同様にできるように。塁間にマーカーを置いて実施し、走りながらスピードに乗っていく感覚を養おう

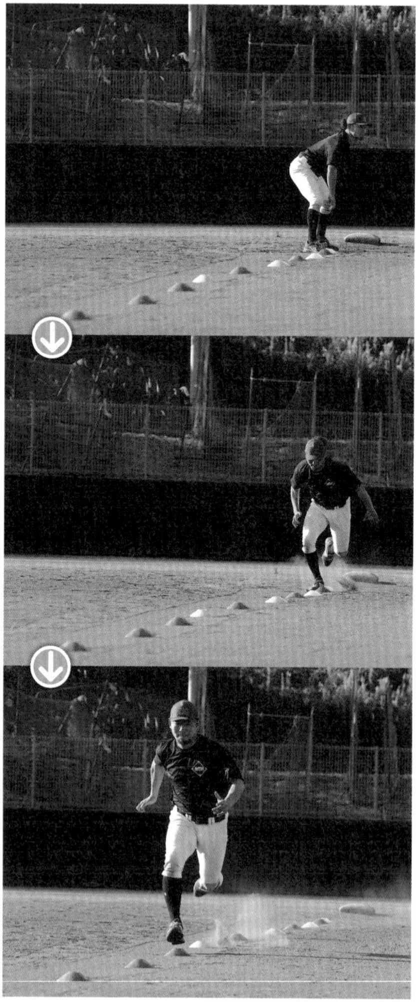

リードと同じ幅をとり、盗塁をイメージしながらスタートを切って二塁まで全力でダッシュ

POINT

塁間走ではストライドを伸ばせない選手が多い。左上の配置図を参考にマーカーの間隔を徐々に広げ、ストライドを伸ばす感覚をつかもう

配置図

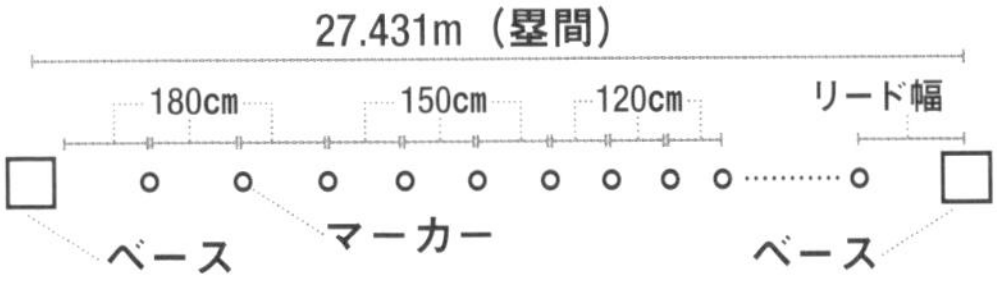

最初のマーカーは、自分がリードをとる幅に置く。以降、一歩ずつの幅でマーカーを置いていく。スピードに乗ると一歩の幅がだんだん広くなるので、マーカーを置く位置をそれに合わせて変える

次は盗塁のイメージでスタートを切り、スライディングで二塁へ。どこまで走ってスライディングすれば二塁に速く届くか、距離感をつかもう

チューブトレーニング

チューブに引っ張られながら走ったり、跳んだりという動作をすることで、お腹に力が入ったまま前傾になる一方、頭は前に突っ込まないという感覚を身につけていく。それが速く走ることにつながる

ITEM

市販のトレーニングチューブを使用。バンドが太ければ負荷が大きく、細ければ負荷が小さくなる

チューブで引っ張ってもらいながらランジを行い、前に進んでいく。塁間と同じ距離で実施。前傾はするが、頭が突っ込まないようにしながら前に行こう

ウォーク

チューブで引っ張られながら、塁間をダッシュ。母趾球と小趾球に重心を置き、前傾になりながら足を素早く出して加速していく感覚を身につけよう

ダッシュ

チューブトレーニング

カンガルージャンプ

チューブで引っ張られながら、カンガルーのように前にジャンプしていく。重心位置がポイント。チューブで引っ張られているが、お腹の力を発揮し、空中で後ろに持っていかれないように

バウンディング

チューブで引っ張られながら、片足ずつバウンドするように前に跳んでいく。着地した足の反動を活かし、前方になるべく大きく進むことがポイント。それが足の速さに直結する。空中に跳んでいる際にお腹の力を抜くと、後ろに持っていかれるので注意。無理に前に行こうとすると頭が出たり、動いたりして動きがブレてしまう。片足でジャンプしながら、ボディコントロールをうまく行おう

チューブトレーニング

ラテラルジャンプ

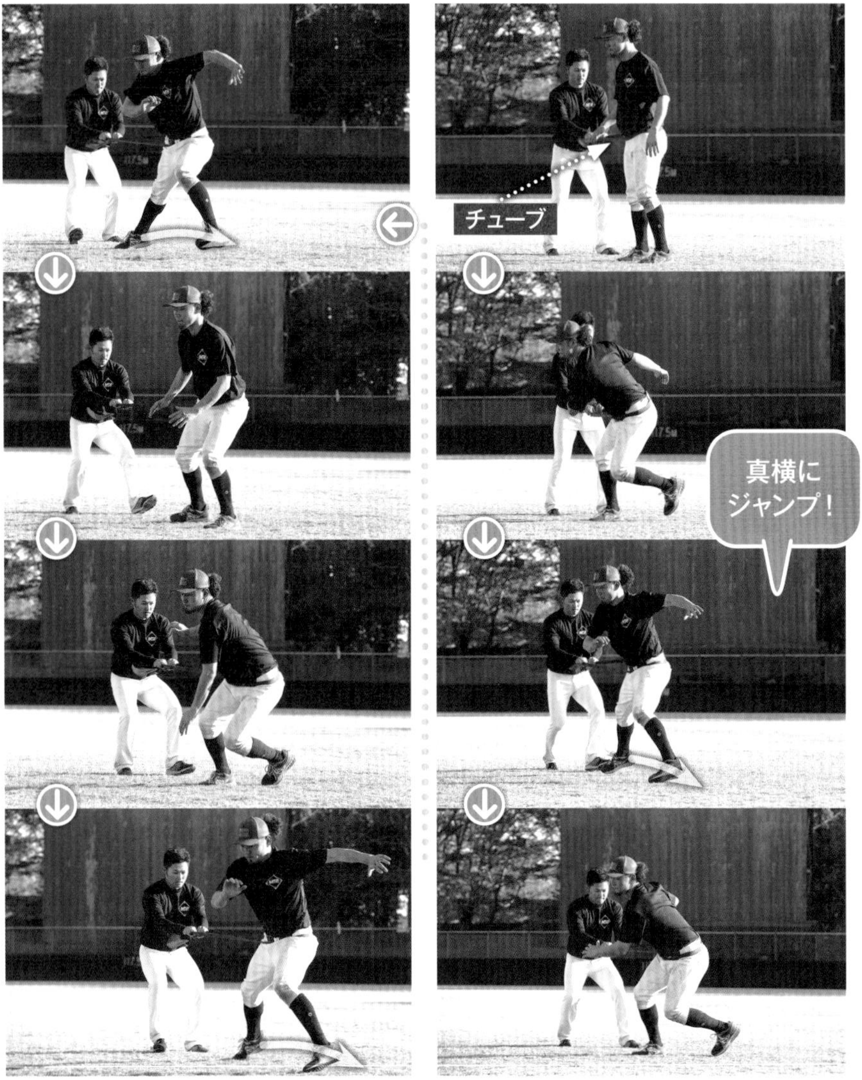

投打や守備で不可欠な並進運動をスムーズにできるようにするためのトレーニング。踏ん張って膝が内側に入ると足が「く」の字になり、スムーズな動きにならない。重心位置をうまくとり、お腹の力を使って横に跳んでいこう

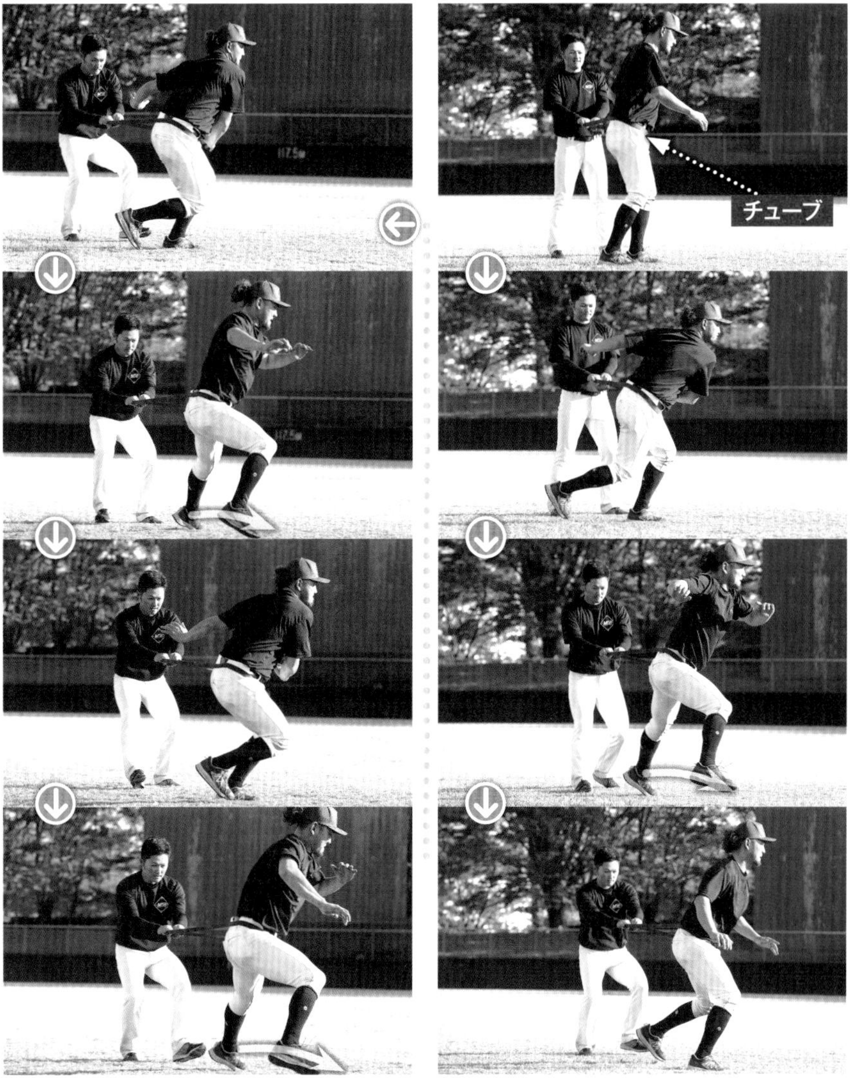

ラテラルジャンプを塁間で行いながら、適当な位置で反対側を向いて行う。左右が変わっても、同じような感覚でできることが大事。お腹の力をうまく使って跳ぼう

チューブトレーニング

スケートジャンプ

チューブで引っ張ってもらいながら、スピードスケートのようなイメージで片足ずつジグザグに大きく進んでいく。重心位置をうまくとり、頭は前に出すぎず、お腹の力を使って前傾になって進んでいけるように

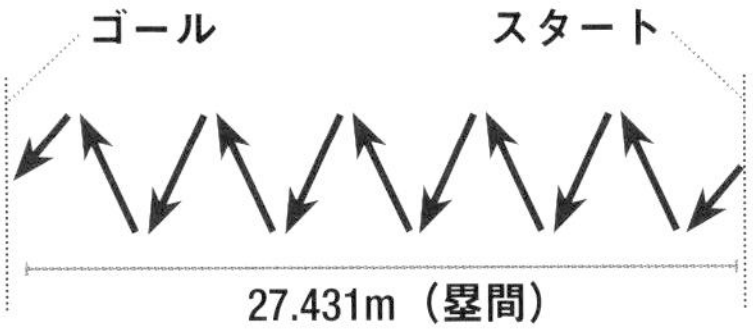

走路

足を大きく前に踏み出しながら、ジグザグに進んでいく。塁間で実施

シザース

股関節を素早く動かせれば、速く走ることができる。スローイングやバッティングでも大きな力を生みやすい。膝の下を動かして走るのではなく、股関節から動かして走る感覚を養おう

▼片足を前に出してジャンプし、空中で前後を3度入れ替える。上級者バージョン。ジャンプしたときに膝を伸ばすと、うまくいかない。股関節を中心に動作を行おう

膝から下が動いているだけだとシザースはうまくできない。股関節から動かそう。股関節周りの筋肉を鍛えるのが目的のトレーニングなので、その点を意識して実施

ダブルシザース

▲右足が前、左足が前の2パターンを行う。片足を前に出してジャンプし、空中で前後を2度入れ替える。走るときと同じで、手も動かそう

トリプルシザース

コーンタッチドリル

走塁や守備では周囲を見ながらリズムに乗っていると、一歩目の動き出しまでの時間を速められる。メトロノームを使い、リズムとテンポを気にかけることでスタートの第一歩をスムーズに出せるようにしよう

基本の動き

メトロノームをかけて、リズム&テンポよく動こう。まずは右手で左側のマーカーにタッチし、次は左で右側のマーカーにタッチする。これが基本的な動きで、左ページの3パターンを行おう。手でタッチしようとして体を動かすのではなく、骨盤で回ると楽に動くことができる。頭の位置がズレると大回りになるので、正しい重心位置で行おう。頭の位置を下げすぎないことがポイント。うまく切り返すためには、股関節の柔軟性も大事。体重がうまく乗れば、奥のコーンまで一連の動きで進んでいける

手だけでマーカーにタッチしようとすると、動きが遅くなる。出塁時も同じで、牽制球がパッと来たときに手を動かすだけでは素早く戻れない。骨盤で体全体を動かすと素早く反応できるので、そのイメージで行う。写真右は骨盤にうまく乗れていないのが明らかで、これではリズミカルに動けない

配置図／動き

マーカーを左右に2つずつ、計4個配置。番号順に、うまくタッチしていく。メトロノームに合わせながら、リズミカルにテンポよく動いていこう

パターン1

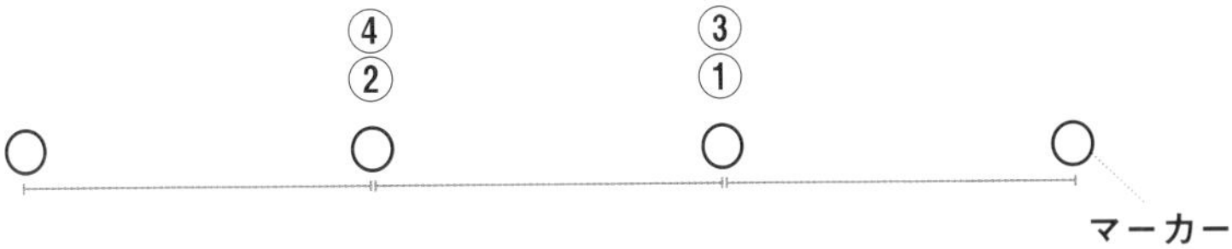

パターン2

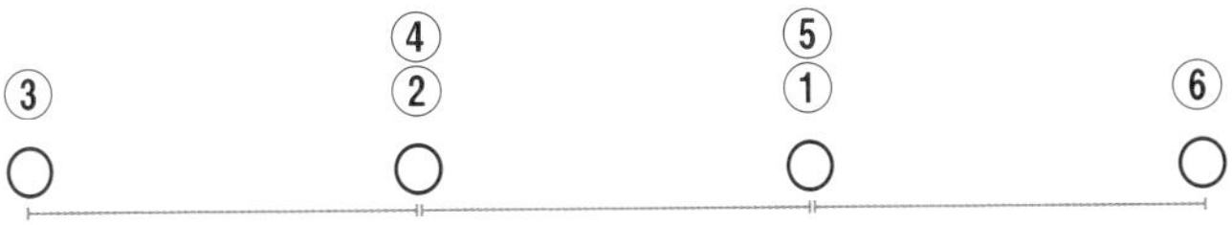

パターン3

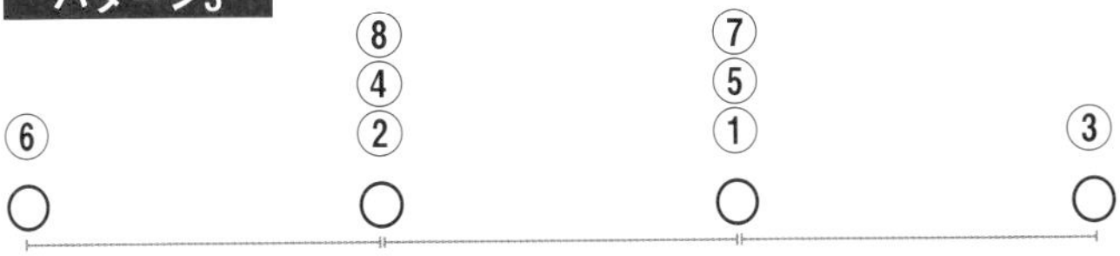

※マーカー間の距離はメトロノームのリズムに合わせてスピードを上げていきながら、ぎりぎり届く距離を目安にしよう

コアベロシティーベルトダッシュ

走塁や守備でスタートの動き出しの感覚を身につけるためのドリル。ベルトで前に引っ張られることで勢いがつき、骨盤をどのように出すのかという感覚を養いやすい

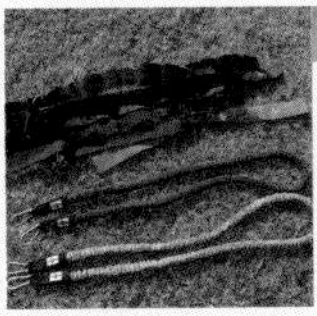

ITEM

収縮性のあるベルトを装着することで、骨盤の向け方など動作の方向性を身につけやすい器具

走り出す際に頭が出てしまう人は、コアベロシティーベルトの引っ張る力で体を誘導してもらうことで、骨盤を前に出していく感覚をつかみやすい。打撃なら投球コース別の骨盤の使い方、ピッチングなら前足を踏み出す方向でコントロールをつけられるという動き方に通じる。片側だけでなく、左右を向いて行おう

10mダッシュ

野球の動きを考えると、50m走より10mのダッシュをいかに速くできるかが大事。スタートが0.1秒遅れると50～70cmの差になるので、タイミングよくスタートを切ろう。すぐに加速できることも重要

POINT

右側にスタートを切るだけでなく、左側へのスタートや、グローブをはめて走るなど、試合中のプレーをイメージした形で行おう。グローブが合っていなければタイムも遅くなるはずだ

リードのイメージで構えて、得意な足をうまく使ってスタートを切る。走りながら前傾になり、すぐに加速できるようになろう。盗塁や守備では0.1秒の差でセーフかアウトが変わるので、一瞬のスピードを求めていくことが重要

ITEM

光電管で計測しよう。ストップウォッチで測ると誤差が出やすく、正確なタイムを把握できないからだ。自分を正しく知ることが大事

塁間ダッシュ

塁間は90フィート＝27.431m。野球選手はこの距離をいかに速く走れるかが重要になる。スタートから駆け抜けまで、「0.1秒」でもスピードを上げられるようになろう。それが大きな差になる

塁間と同じ距離に光電管を置き、タイムを測る。正しい重心位置でスタートし、すぐに加速してスピードを上げられるように。定期的に計測し、自分の成長を記録していこう。自分のスピードを知ることで守備時にどれくらいの時間で打球に追いつけるかもイメージしやすくなる

24mダッシュ

塁間は27.431mだが、出塁時はリードをとるので2塁までの距離は24m程度になる。その距離をどれくらいのタイムで走れるかが盗塁の成否に関わってくるので、こちらも計測しておこう

5m×5m×10m走

正しい重心位置で走り、切り返しなどの動作が入ってもうまく動けるように感覚を養っていく。ハイスピードで走る中でも頭が前に突っ込みすぎず、素早く方向転換できるようになろう

5m先のマーカーまでダッシュし、切り返してスタート地点まで戻る。マーカーにタッチするのと、しないのと2パターンを行う。スタート地点に戻ったら、切り返して10m先のマーカーまでダッシュ。スピードに乗った切り返しの中で重心位置をうまくとれると素早く動作ができる。それができると守備や走塁に生きてくる

切り返す際に頭を前に出してバランスをとろうとすると、重心がズレて動作が遅くなる。守備や走塁では、一瞬の遅れが大きな差になりかねない

配置図

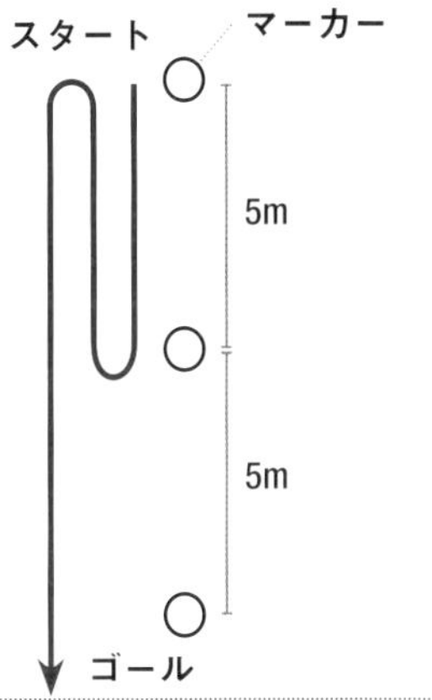

5mの地点に最初のマーカーを置き、そこから5m奥にマーカーをもう一つ配置。ダッシュと切り返しという動作があるなかで、重心位置をうまくとって体を動かせるように

サークル走

ベースランニングの際は胸郭をうまく傾け、腕を使って体をコントロールするとスピードに乗ったまま曲がりやすい。走塁や守備で必要な動きを素早くできるようにドリルで練習しておこう

反時計回り

反時計回りは走塁や守備で出てくる動き方。右投げの場合、右手を下げてグローブ側の手（左手）を振ると回りやすい。胸郭をうまく使い、大回りしないようにうまく走ろう

時計回り

まずは一つの円を時計回りに走る。守備時に出てくる動き方。右投げの場合は左手にはめているグローブの重みで重心が下がるため、反時計回りに比べて回りにくい。左手を少し下げると回りやすくなる

配置図

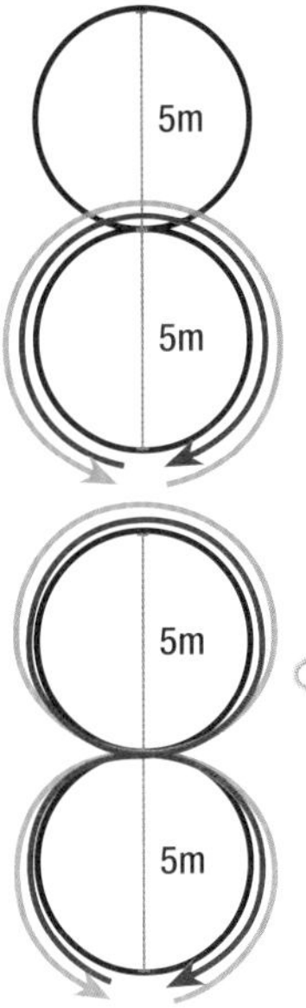

直径5mの円だと切り返しが難しいので、最初は10mの円で行ってもいい。9,8,7mと小さくしていき、最終的に5mでもうまくできるようになろう。最初は一つの円で行い、慣れてきたら2つの円で逆の動きを入れて行う。時計回り、あるいは反時計回りの片方だけなら得意という人もいるが、守備では両方の動きがあるのでいずれもできるようになることが大事

POINT

守備が苦手な選手はグローブをつけて走ってみよう。グローブが合わないと動きが悪くなるはずだ

反時計回り（∞）

今度は反時計回りでスタートし、円が重なるところから奥の円を時計回りに走ってスタート地点まで帰ってくる。切り返しのイメージを頭でもうまくできるとスムーズに動けるようになる

時計回り（∞）

時計回りでスタートし、円が重なるところから奥の円を反時計回りに走ってスタート地点まで帰ってくる。曲がる際に膨らみをどれだけ少なくできるかが、走塁では非常に大事になる

スライディング

走塁時にスライディングをすればベースに速く到達できることに加え、相手のタッチをくぐり抜ける技術にもなる。右足と左足で滑るのはどちらが速いかなど、感覚を磨いておこう

骨盤にうまく乗って前傾で走り、減速せずにスライディングにつなげていく。どの位置から滑ればセカンドベースにちょうど到達するか、距離感も身につけておこう

ITEM

「スラサポ」というスライディングサポーターをザナックス社と共同開発。スライディングが苦手な人でも、ケガやかすり傷の心配をせずに練習できる

PART 3

トレーニング

より理解度を高めたいなら
コチラの動画もチェック！

メディシンボールスロー（左右）

野球では進塁と帰塁など左右の動きがあるため、どちらの動き方でもバランスよく力を発揮できるようになろう。足の外旋や、腹圧をうまく使ってスローにつなげられると出力を高めることができる

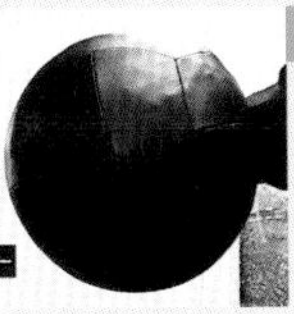

ITEM

メディシンボールは、小学生の低学年ならサッカーボールで実施。高学年なら1kg、中学生以上なら2kgでスタート。高校生以上は慣れたら3kgを目安に

POINT

走塁、帰塁はもちろん、守備のスタートを素早く切るためのトレーニングにもなるので、プレー時の動きも意識して行おう

右打ちのイメージで半身になり、メディシンボールを後ろに引き、足の外旋筋や腹圧、胸郭をうまく使って前に投げる。次に逆側の動きを行う際、スピードガンで計測し、左右の差がどれくらいあるかを確認しよう

今度は左打ちのようなイメージで半身になり、メディシンボールを後ろに引いてから投げていく。右投げ右打ちの人は、この動きになると力が弱くなる場合もあるが、それでは走塁の際、帰塁は得意なもののスタートがうまく切れないとなりかねない。左右どちらの動作でも同等の力を発揮できるようになろう

メディシンボールスロー(ゴロ捕球①)

守備でゴロを処理するのと同じように、メディシンボールスローでも足を使って捕球し、重心を移して投げるという動作のイメージをつかもう。メディシンボールは重いので、しっかり足を使う必要がある

足を使わず、小手先の力だけで投げようとすると、重量のあるメディシンボールを強く投げることはできない

重いメディシンボールでシングルキャッチは難しいので、両手でしっかり捕球するイメージで行おう。足をしっかり使い、体重移動をうまく行って強いボールを投げていく。小手先ではなく、全身を使ってスローイングする感覚を養おう

メディシンボールスロー(ゴロ捕球②)

野手も前足トップをしっかりつくって投げることが、強い送球を行うためには大事。メディシンボールを体の左右に転がしてもらい、守備時のスローイングをイメージしながら感覚を養っていこう

体の正面に転がしてもらい、捕球してからステップし、前足トップをつくってから投げていく。体重移動をうまく行い、強いボールを投げられるようになろう

今後は体の右側に転がしてもらって逆シングルで捕球するイメージで実施。メディシンボールは大きいので片手では捕れないので、両手で捕球してステップして投げる。左足でうまく角度をつくり、捕球から送球につなげていくことがポイント

メディシンボールスロー
（キャッチャースロートレーニング）

重くて大きいメディシンボールをうまく投げるには、体全体を正しく動かして力を伝えていく必要がある。捕手のスローイングに必要な動き方をメディシンボールスローで身につけよう

トップの状態で前足に体重が乗っておらず、「後ろ足トップ」になっている。これでは前方向に強い力を伝達できず、強いボールを投げることはできない。姿勢に安定感もないので制球がばらつきやすくなる

母趾球と小趾球に重心を乗せて構え、かかとは浮かせた状態で構える。足を使って素早く立ち上がりながら、写真⑤のように「前足トップ」に持っていって強いボールを投げられるように

メディシンボールスロー
（キャッチャースロートレーニング／バリエーション）

キャッチャーは投球のコースに応じてうまく捕球し、送球につなげていく必要がある。事前にどんなボールが来るかわからないので、捕球→送球の動作をうまくできるようにメディシンボールで感覚を養おう

投げ手にコース別（内角高め、外角低めなど）に投げてもらい、捕球して送球までの動作を行おう。ワンバウンドの球も練習しておく。足首と股関節が柔らかくないと、投球のコースがズレた場合、捕球してから1度止まらないと送球動作につなげられない。足首と股関節が柔らかければ、どのコースでも捕球→送球を一連の動作で行える。硬い人はトレーニングで柔軟性を高めよう

スローイングドリル

プライオボールスロー（キャッチャー）

捕手が構えた状態から、プライオボールを投げてもらって捕球し、盗塁阻止のイメージでスローイング。捕球から送球まで素早く動き、お腹の力をうまく使って強い球を投げよう

ITEM

硬式球よりも重い（150g〜1kg）プライオボール。腕の力を使いにくいためお腹を使って力を生む感覚と、リリースをうまく合わせるイメージをつかめる

重たいボールなので、捕球から送球体勢に入るまでに体の力をうまく発揮することや、お腹の力もボールに込めることが必要になる。内角高めや外角低めなど、コース別に投げてもらって取り組んでもいい

スローイングドリル

プライオボールスロー（コアベロシティーベルト）

骨盤の前に乗って投げる感覚をつかめない人は、コアベロシティーベルトを巻いてプライオボールを投げてみよう。コアベロシティーベルトで前に引っ張られるので、前足トップのイメージをつくりやすい

ボールを前方に置いておき、コアベロシティーベルトに引っ張られながら捕球し、ステップして送球体勢へ。前足トップをつくり、お腹に力を入れて投げることで強い球になる

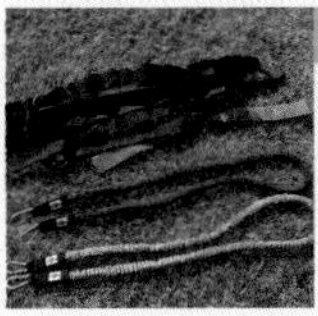

ITEM

収縮性のあるベルトを装着することで、骨盤の向け方など動作の方向性を身につけやすい器具

ボールをミットの中に握っておき、握り変えてからスローイングの体勢へ。コアベロシティーベルトに引っ張られることで、お腹にグッと力を入れやすくなる

プルダウン

全身をしっかり使って強いボールを投げることができるかをチェックする。
スピードガンで球速を計り、高校生なら150km/hを目指してほしい

10mほど助走をとり、ネットに向かって全身を使って全力投球する。胸郭のやわらかさや下半身、上半身の筋出力がないと、強い送球はできない

ラテラルジャンプ

並進運動をしっかりできるように感覚を養う。股関節が柔らかくて開脚をできれば、足が大きく広がりラテラルジャンプもやりやすい。なるべく大きく跳んで行おう

股関節が硬いと足が開かないので、大きく跳べない。切り返す際に踏ん張ると、切り返しが遅くなる。うまくできない人は股関節の柔軟性を高めよう

並進運動のイメージで片足ずつ左右に連続ジャンプ。上半身や頭はブラさないように。足の外旋筋を効かせられているかがポイントになる。なるべく大きく跳ぼう

ボックスジャンプ

スローイングの際、お腹と胸郭を連動させて力を生み出していくイメージを養うことができる。足の外旋をしっかり効かせることで、より大きな力を発揮することができる

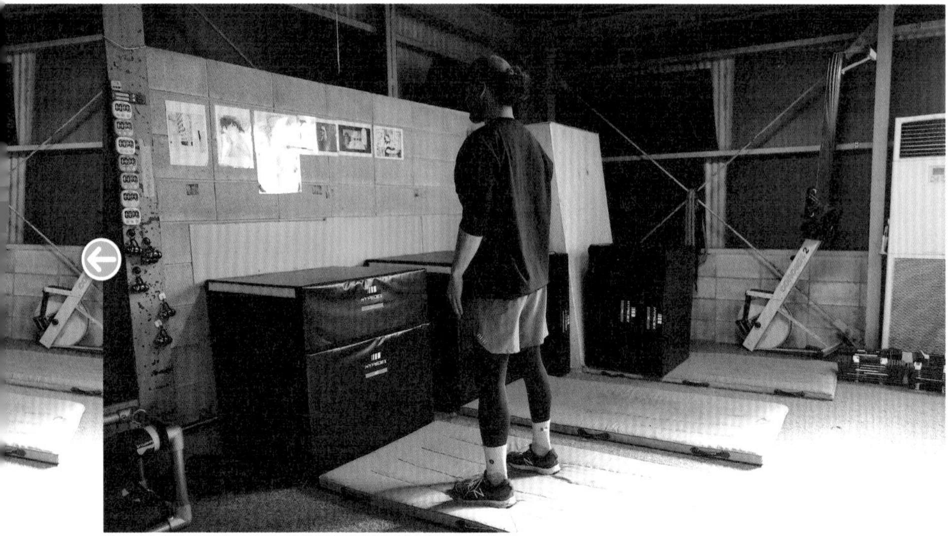

重心を置く位置

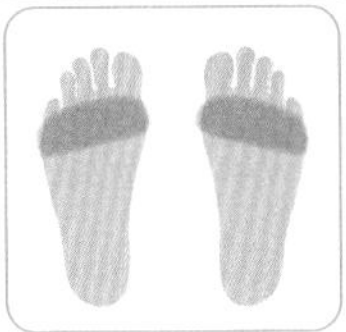

母趾球と小趾球に重心を乗せて、かかとが少し浮くくらいの重心位置。お腹に力を入れ、胸郭を反らせて斜め前方に力を生み出すイメージで跳ぶ。腕の振りをうまく使うと跳びやすい。ボックスに乗ったら後ろに跳んで降りて、再び前方にジャンプする

ボックスジャンプ
（守備・走塁フットワーク系ボックスジャンプ）

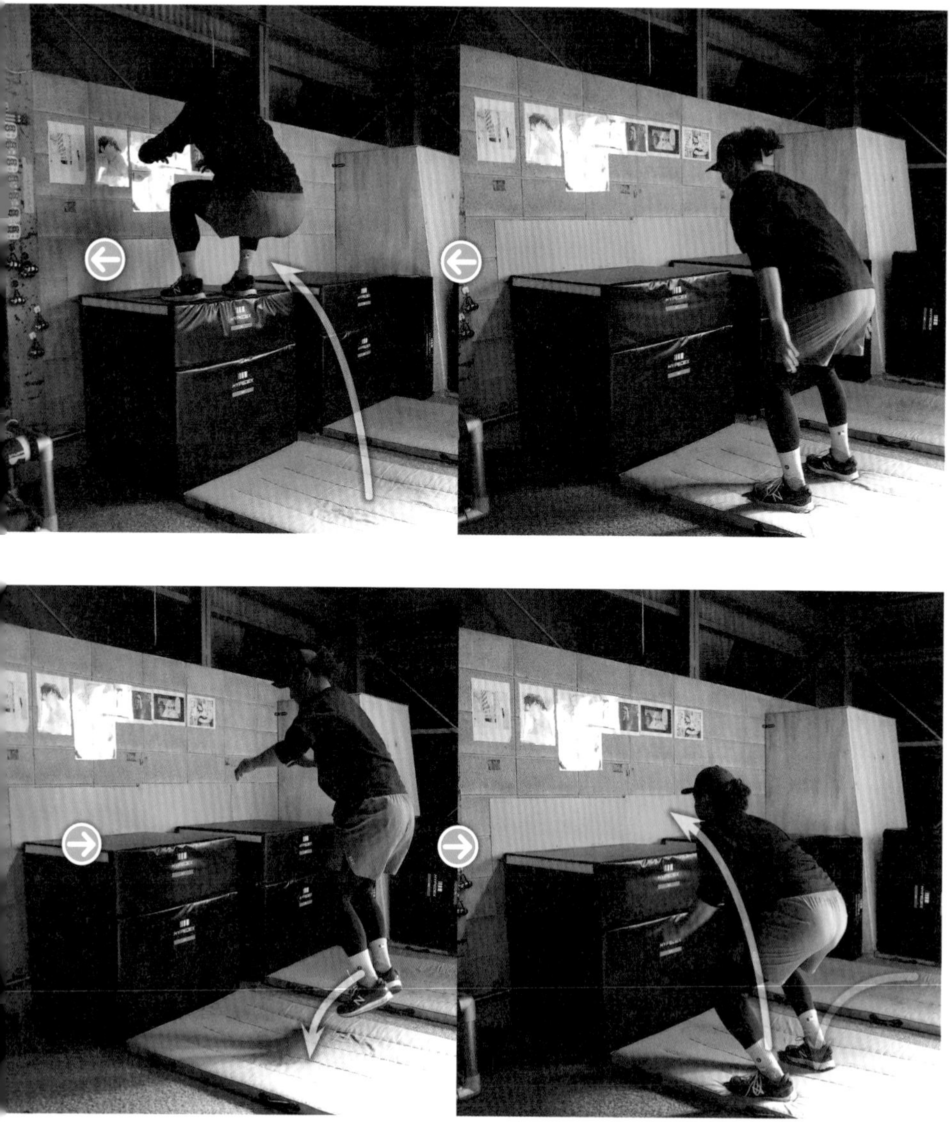

前方のボックスに跳んで後ろに着地したら、サイドステップで右側へ。守備や走塁の一歩目のイメージで行う。次は前方に同じように跳んでから後ろに着地し、左側にサイドステップ。この動作を連続で行う

ボックスジャンプ
（守備・走塁フットワーク系ボックスジャンプ）

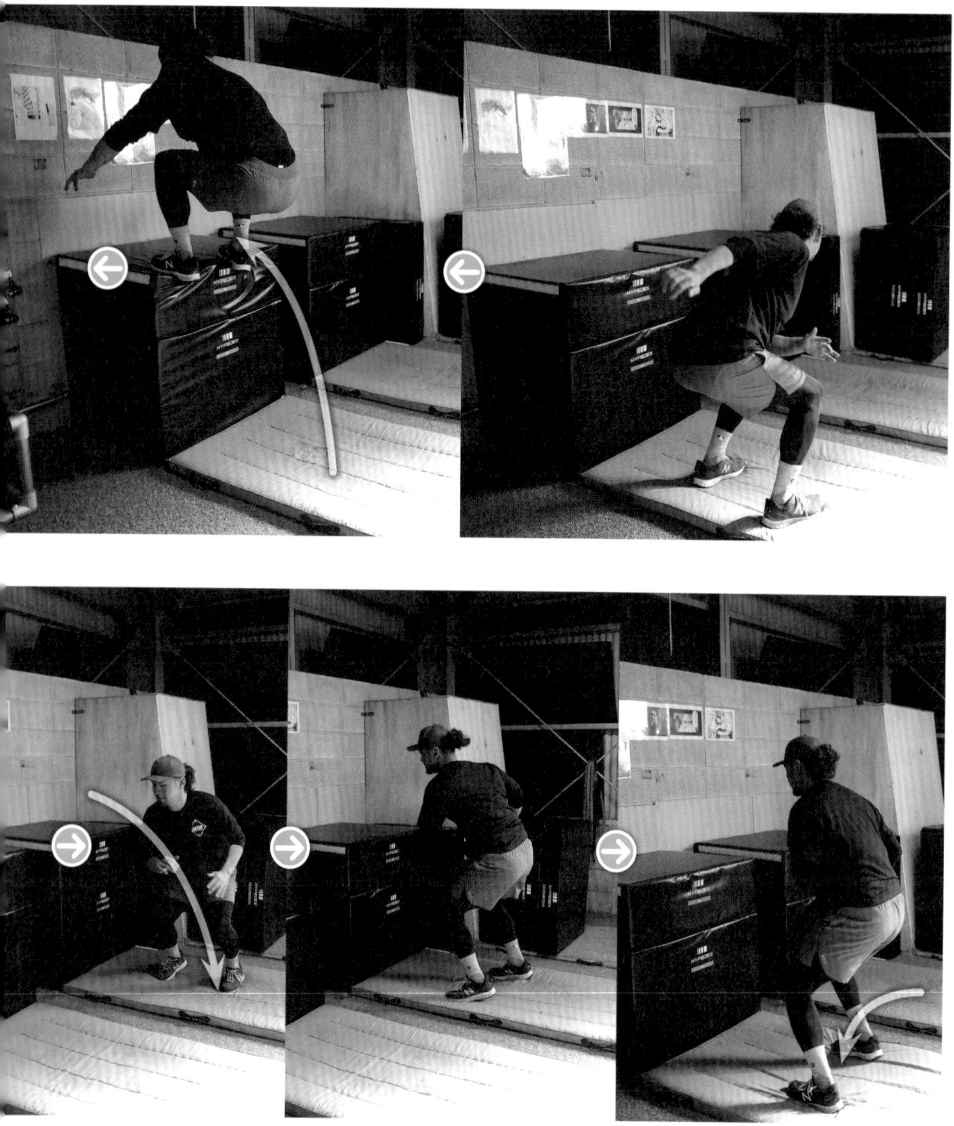

投球、打撃、走塁などローテーションが加わった動きは多いので、ボックスジャンプでも横を向いた状態から始めて感覚を養う。前方のボックスに跳んで後ろに着地したら、正面を向いてサイドステップで右側へ。再び同様にジャンプする。それを続けて行う

ボックスジャンプ
（守備・走塁フットワーク系ボックスジャンプ）

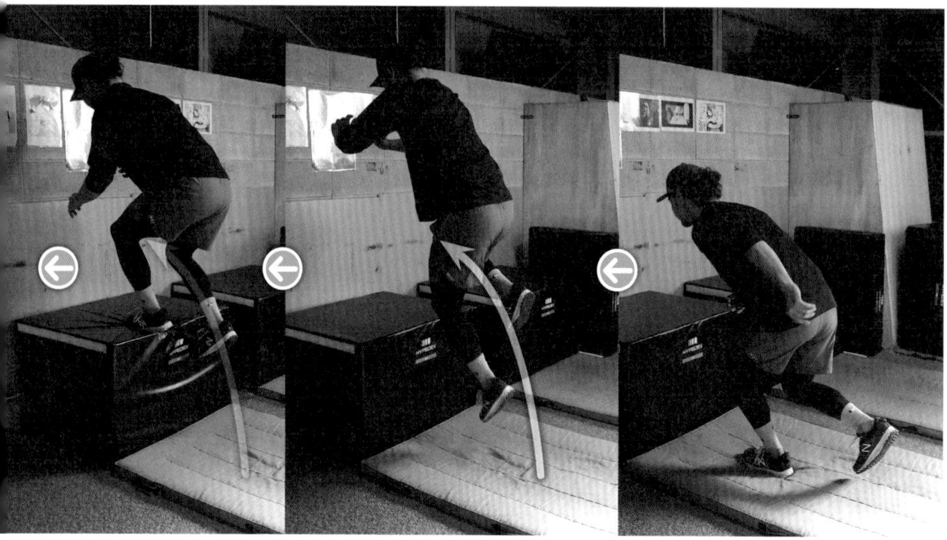

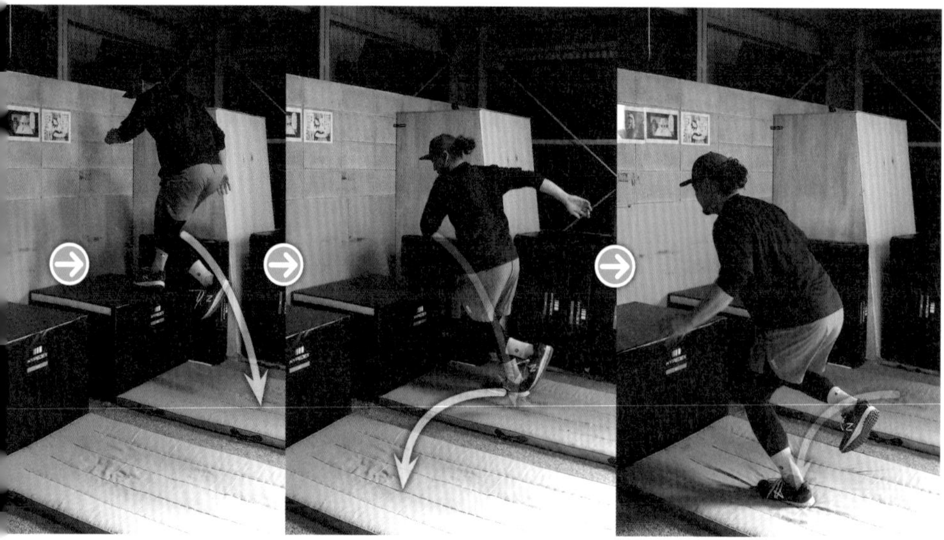

P170～171の動きを、片足でのジャンプ、片足でのサイドステップで行う。両足で行うパターンより難度が上がるが、60cmの高さをできるようにしたい

Jbandsエクササイズ

Jバンドは手で器具を握らずに動けるので、力みが入らないことが利点。胸郭を大きく動かせているかを確認する。ここでの目的は主にキャッチャーがフレーミングを行う際のハンドリングをスムーズにすること

キャッチャーミットをはめて両手にJバンドをつけ、胸郭を大きく使うイメージで両腕を時計回り、反時計回りにそれぞれ回す。体がスムーズに動けているかしっかり確認しよう

重心を置く位置

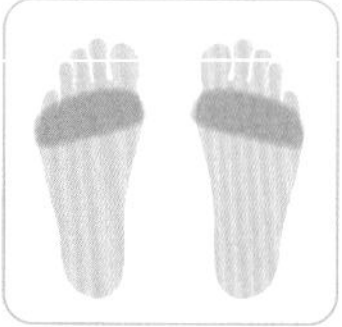

ITEM

フックを壁などに取り付け、バンドを手首に装着することで手で器具を握らずに動ける。ゴムの伸縮で程よい負荷がかかり、様々な動きを確認しながらエクササイズを行える

キャッチャーミットをはめて片手にJバンドをつけ、胸郭を大きく使うイメージで両腕を時計回り、反時計回りにそれぞれ回す。P79で紹介しているミットの動かし方を意識しながら行おう

※万が一フックが外れた際にケガを防ぐため、頭、目、首の高さにフックを取り付けるのは避けましょう

Jbandsエクササイズ

膝立ちした状態で両手にJバンドをつけ、
胸郭を大きく使うイメージで両腕を時計
回り、反時計回りにそれぞれ回す

POINT

慣れてきたらキャッチャーミットをはめて同じ動きを行うとより実践的に！

キャッチャーの構えと同じ姿勢をとり、両手にJバンドをつけ、胸郭を大きく使うイメージで両腕を時計回り、反時計回りにそれぞれ回す。立った状態よりも重心位置をキープするのが難しいのでしっかりと意識する

POINT

キャッチャーミットをはめて行うことで、ミットの動きをよりイメージしやすくなる

パルクールエクササイズ

レールで重心位置を確認する

パルクールバーにうまく乗るには重心位置を正しくとれていることが不可欠。母趾球と小趾球に乗って立ち、頭がぐらつかずにバランスよくなる姿勢をつかもう。グローブを持つと不安定になるので、うまく調整できるように

素手で乗る

まずは何も持たずに行い、パルクールバーの上で安定して立てるようになろう。つま先体重やかかと体重だとうまく乗れないので、母趾球と小趾球に乗って立つ。腕を使ってバランスをとろう

重心を置く位置

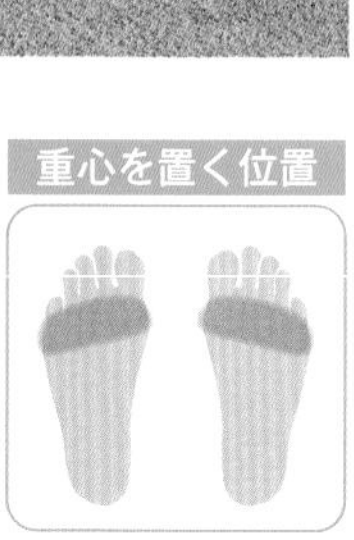

グローブをはめて乗る

守備では常にグローブをはめている。その状態でうまくバランスをとって立てることが重要なので、パルクールバーの上でも安定して立てるようになろう。素手のときとは感覚が変わるので、バランスを崩さないで立てるように調整していく

POINT

グローブの形が変わると、力み加減などで立位でもバランスが変わる。自分に合ったグローブならバランスもとりやすくなる

当て捕り用のグローブは構造的に手を握ってしまい力みやすいので、力が入る方向＝つま先体重に誘導されやすい。パルクールバーの上にうまく立てない場合はうまくバランスをとれていないということなので、グローブの変更を考えてもいい

パルクールエクササイズ

レールスクワット

パルクールバーに乗ってスクワットをするためには、重心位置をうまくコントロールする必要がある。バーの上でスクワットを行うことで、自分の体をどう使えばスムーズに動けるかを養おう

全身の力みを抜き、母趾球と小趾球に乗ってバーの上に立つ。その状態からスクワット。頭がブレると落下するので、腕をうまく使ってバランスをとりながら行おう

重心を置く位置

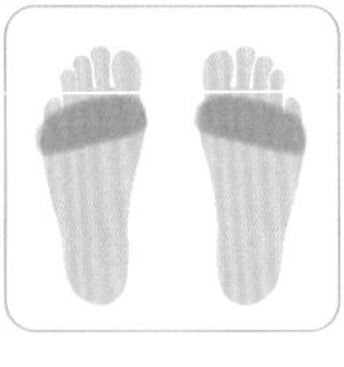

グローブをはめてスクワットする

素手でできるようになったら、グローブをはめて行う。ギュッと握ると重心位置がズレるので、スクワットをうまくできない。バーの上でスクワットをうまくできなければ、そのグローブは自分に合っていない可能性も考えられる

パルクールエクササイズ

レールバランス→ゴロ捕球

パルクールバーの上に乗るためには正しい重心位置が不可欠。その体勢からゴロを捕球しにいくことで、重心位置をつかみやすい。捕球する前にスプリットステップをするのと同様の効果がある

パルクールバーに乗り、安定した体勢になってから降りて着地。リズミカルに動いて、ゴロを捕球する体勢へ。最初は正面のゴロを両手で捕ろう

重心を置く位置

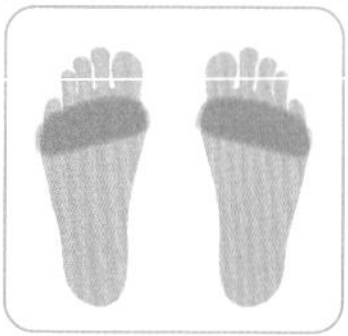

シングルキャッチ、逆シングルでも行う

パルクールバーから降りて正面のゴロを両手で捕球した後は、シングルキャッチや逆シングルでもリズムよく動いて捕球できるようになろう

パルクールバリエーション

高いパルクールバーは、体が力んでいるとうまく飛び越えられない。またぐことで自然に力が抜けるので、そのままゴロを捕球する。バーは適度な高さで実施

パルクールエクササイズ

レールオーバーヘッドスクワット

フライが飛んできたときに、うまく重心位置をとれるように感覚を養う。手を緩く上げてバランスをとり、スクワットしながら頭の位置は変わらないように動いていく

まずはバーの上に立ち、手を緩く上げてバランスをとる。手をピンと伸ばすと力が入るので注意。できればスクワットしていき、上を見ながら重心位置をうまくコントロールできるように

重心を置く位置

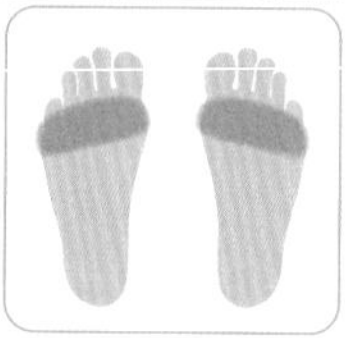

モンスターウォーク

足にチューブを巻いて左右に動かすには、足だけでなく胸郭を動かすことが必要。走塁や守備時の一歩目や、捕手のフレーミングに通じる動作だ。トレーニングで感覚を養おう

前に歩く

足の先のほうにチューブを巻く。左右に小さく足を動かしながら、前に進んでいく。右に動くときは、胸郭も右にズラす。写真のように胸に手を置いておくと、胸郭も動いていることが確認しやすい

横に歩く

次は左右に小さく足を動かしながら、横に進んでいく。右に進んだら、左に歩いて帰ってこよう。進みたい方向に対し、胸郭もズレているかを意識しながら行う。走塁や守備の一歩目をイメージしながら取り組もう

おわりに

〝個〟のレベルアップが〝チーム力〟につながる

本書をご覧になってくれた皆さんは、本当の意味で「走塁」や「守備」の大切さを理解していただけだと思います。

「走塁や守備では最初の一歩が大事だぞ！」

そうした指摘がよくされますが、ラン系の練習メニューではどうしても中距離走や長距離走が多くなる傾向があります。でも最初の一歩を速くするには、得意な足をうまく使うことや、本書で紹介したウエイトトレーニングで「0・1秒」を縮めていく努力が必要になります。

内野守備でゴロを落として打者の出塁を許すと、指導者から「一歩目が遅いからだ」と注意されることがあります。でも、一塁への送球でアウトにできなかった本当の原因はどこにあるのでしょうか。もちろん正確に捕球できるにこしたことはありませんが、肩が強ければ、ゴロを落としても一塁に投げてアウトにすることができます。守備位置も後ろを守れるので、そもそも前に落とさずに捕球できていたかもしれません。

捕手に目を移すと、近年「フレーミング」の大切さが語られるようになりました。ミットを動かして「ストライクに見せる」という〝だます〟ような行為ではなく、しっかり投球の軌道に入れて捕ろうという技術です。フレーミングをしっかり行うことが、カットボール、チェンジアップ、ツーシームという〝動くボール〟を球審に「ストライク」と判定してもらうことにもつながっていくのです。野球の技術も日進月歩で進化しているということだと思います。

野球という競技の面白さとして、投手と打者が1対1の勝負を繰り返し、チームの勝敗を決めていく点があります。つまり個々が走攻守で成長していけば、チームのレベルアップにつながっていく。チームの勝利を目指すには、練習からそうした視点が重要になると思います。

チーム全体で守備練習を頑張ることも大事ですが、同時に個々が速く走れるようになることや、強く投げられるようになることも守備のレベルアップにつながっていきます。扱いやすいグローブを選び、走りやすいスパイクを見つけることも守備力に結びつきます。ノックを受けることも大切ですが、それだけがすべてではないという話です。

野球でレベルアップするには、さまざまなアプローチがあります。細部にこだわることで、相手を上回ることができるようになるのです。本書を参考に、さまざまな視点を持って成長につなげてください。「0・1秒」へのこだわりが、のちに大きな差になっていくからです。

2023年4月　高島誠

STAFF

構成
中島大輔

装丁・本文デザイン
田中宏幸（田中図案室）

撮影
西田泰輔

撮影サポート
刎田康太朗、山本泰輝

編集協力
張ヶ谷勝利、飛鳥田護

編集
花田雪

協力
岡本製甲株式会社
株式会社ケンコー社（ゼロシューズ輸入代理点）
株式会社ザナックス
ジリリタ株式会社
ダイトベースボール
ダイヤ工業株式会社
ローリングスジャパンLLC
Core Velocity Belt
RHKトレーディング合同会社

Special Thanks
坂梨広幸（野球オーストリア代表監督）
岡嵜雄介（武田高校硬式野球部監督）

著者紹介

高島 誠（たかしま・まこと）

Mac’s Trainer Room代表。
広島商業高校、四国医療専門学校を経て2001年からオリックス・ブルーウェーブ（現バファローズ）トレーナー。2005年からはワシントン・ナショナルズでインターンシップトレーナー、2007年に正式採用。2008年Mac's TrainerRoomを開業。現在はNPBトップ選手だけでなく、小中高生や大学生、社会人まで幅広くアスリートのサポートを行っている。

Twitter　@littlemac0042
Instagram　@littlemac0042
lit.link　https://lit.link/littlemac0042
YouTube　Mac's Trainer Room
野球トレーニング専門チャンネル

実技モデル

赤沼淳平（あかぬま・じゅんぺい）

立命館高校を卒業後、カリフォルニア州・デザート短大に入学。3年時にはテネシー州・リー大学に編入し、現在はアメリカ独立リーグでMLBを目指しながらプレーしている。

Twitter　@J_A_64

革《かく》新《しん》的《てき》守《しゅ》備《び》・走《そう》塁《るい》パフォーマンス

～「一《いっ》歩《ぽ》＝0.1秒《びょう》」にこだわれば「俊《しゅん》足《そく》」「強《きょう》肩《けん》」は獲《かく》得《とく》できる！～

2023年5月10日　第1刷発行

著　者　高島誠
発行者　吉田芳史
印刷所　図書印刷 株式会社
製本所　図書印刷 株式会社
発行所　株式会社 日本文芸社
〒100-0003 東京都千代田区一ツ橋1-1-1 パレスサイドビル8F
TEL 03-5224-6460［代表］

内容に関する問い合わせは、小社ウェブサイトお問い合わせフォームまでお願いいたします。
URL https://www.nihonbungeisha.co.jp/

Printed in Japan 112230424-112230424 Ⓝ01 (210113)
ISBN978-4-537-22094-0
編集担当　岩田裕介